JN313462

目指せ日米トップ大学ダブル合格

―TOEFL Junior®テストからTOEFL iBT®テストへ―

Institution for a Global Society（IGS）著

Z会

はじめに

「アジアの今後についてどう思う？ 長期的に衰退する日本のオフィスを縮小し、成長著しい中国、インド、東南アジアにより多くのリソースを割きたいと思うんだ。」

私は長い間、外資系金融機関の役員として、世界の会議に出てきました。2000年頃は、日本はいずれ復活すると周りも思い、世界の中での対日本戦略を前向きに議論していました。しかし、2005年頃から、冒頭の言葉に近いことを多くの世界の同僚が聞くようになったのです。

また、外資系金融機関の人材採用においては、最初のスクリーニング（書類審査）時に学歴がかなり重要なのですが、東京大学など日本のトップ大学卒業生の評価は「受け身の姿勢が目立ち、英語で議論もできない学生が多い」という、非常に厳しいものでした。私自身、大学院こそ海外の学校を出ましたが、日本の大学を卒業し、「日本的な意味で優秀な」多くの学生を見ていただけに、それを否定することができず、非常に悔しい思いをしてきました。

私は経済分析に携わる業務を経験してきました。冷静に日本の先行きを分析すると、少子高齢化と膨大な財政赤字、硬直的な労働市場、女性を労働に活用する環境の不整備、英語で議論できない社員を多く抱え過去の成功にしがみついている多くの日本企業、21世紀最大の経済大国となる中国との難しい政治関係など、問題が山積しており、日本に対する同僚や会社の評価が実はかなり的を射ていることを思い知らされます。経済協力開発機構（OECD）の分析によると、2010年に世界シェアで7%だった日本のGDP（国内総生産）は、2030年に世界シェア4%、2060年に3%にまで落ち込むことが予想されています。世界における日本の存在感は下がり続けるのです。

現在の日本の教育には、理数教育や協調性の重視などよい部分はあるものの、こうした時代に合った人材を育成するためには十分とはいえません。クリティカルシンキング力、実行力、英語での議論力の強化など、早急に改善する必要がある部分も大きいと感じています。

さらに、遊びやアルバイトが生活の中心で勉強に集中していない多くの大学生を見ると、先行きは厳しいと言わざるを得ません。IGSでは、ハーバード大学と契約し毎年インターン生を受け入れていますが、2013年のハーバード大学インターン生を1週間、某有名国立大学に送り授業などの支援をしてもらったところ、「皆、学生生活をのんびり過ごし、勉強にコミットしていないうえに、授業に平気で遅刻する学生がたくさんいる。信じられない」と話していました。

日本のこのような先行きが見通される中、自らがこの状況を変革すべく実践してみようと思い、設立したのが、Institution for a Global Society（IGS）です。IGSで育成する人材が、素晴らしい文化と歴史を持った日本の底力を世界に示し、世界の多様性と成長に寄与することができるようになるのが目的です。日本人としての誇りを持ちつつ、世界の多様性を尊重できる。そして、世界の素晴らしい人たちと競争し共創する力をもった人材を育成したい。これが私の願いです。

そのために、IGSでは、自らの価値基準を確立し、思考力（創造力を基礎としたクリティカルシンキング力）と実行力をつけるための相互対話型授業と、世界のどの高校・大学にでも進学できる英語力をつける授業を行っています。すでにこうした授業を受け、グローバルリーダー予備軍となったIGS卒業生が、米国、英国、オーストラリア、そして日本のトップスクールに進学しています。世界で共創できる人材になるために必死で勉強し、同時に世界的な人脈も構築しつつあります。本書には、日米の大学を併願し合格した2013年卒業生2名の体験記が掲載されていますので、ぜひご覧ください。IGSでどれほど厳しく創造的な対話型授業および英語授業が行われているか、その一端を垣間見ることができると思います。

本書では、IGSで教えている内容のうち、英語4技能の力を測るTOEFL Junior と TOEFL iBT の勉強方法について主に述べています。このTOEFLですが、自民党教育再生実行本部や経済同友会、新経済連盟が、日本の大学入試やキャリア官僚になる試験に導入することを検討すべきとの提言をしています。この提言は、日本の英語教育が正しい方向に足を踏み出すことを狙ったものです。というのも、TOEFLは英語の4技能（読む、聞く、書く、話す）を包括的に評価するもので、それ故に世界のほぼすべての大学において英語能力試験として認められており、入学認定の選考資料としてそのスコアが採用されているからです。この試験で高得点をとるための勉強をすることで、日本の子供たちは世界へのパスポートを手に入れることができ、将来の可能性が世界に大きく広がります。つまり、TOEFLのための学習をすることで、日本国内だけでなく、世界の大学との併願ができるのです。

一部に、今の日本の中高生には TOEFL iBT は難しすぎるという議論もあるようですが、現在の英語教育を単に正当化しようとするだけの本末転倒な議論です。中高の 6 年間も学校で英語を勉強していながら、英語で話したり書いたりすることができない学生が多いというのは、現在の英語教育に何らかの問題があるということです。そんな英語教育が、TOEFL iBT で低い点数（TOEFL iBT のスピーキングセクションでは、日本の受験者の平均点は 161 カ国中 161 位です）しかとれず、世界に羽ばたけない学生を量産してしまっているのです。アジア諸国の優秀な高校生の多くは、すでに 100 点以上をとっています。本来、学校で 6 年も英語を勉強していれば、英語でしっかりと議論する力がつき、TOEFL iBT で 80 点はとれてよいはずです。

英語の 4 技能の力を身につけ、TOEFL で高得点をとることは、学生の皆さんにとっては世界で活躍するための通過点でしかありません。一方で、それは世界レベルの高等教育を受けている優秀な学生と同じスタート地点に立ったことになります。そして、皆さんは基礎教育の面では世界でも高いレベルにあるだけでなく、日本固有の文化を体感してきているはずです。つまり皆さんは、世界の他の学生に比べ、世界の多様性により寄与できる可能性があるのです。それは、競争し共創するためにかなり優位な立場をとれる可能性が高いことを意味します。本書が、世界で活躍することを目指す多くの学生にとって、その第一歩として役に立つことを確信しています。では、一緒にグローバルリーダーへの道を歩んでいきましょう！

Institution for a Global Society（IGS）
代表取締役　学院長
福原正大

目次

本書のリスニング音声を以下のウェブサイトよりダウンロードできます。
http://www.zkai.co.jp/books/double/

第1章

「日本と海外トップスクール併願」という選択

なぜ併願を目指すのか？

■併願を目指す大きな理由は『時代の変化』

時代は大きく変わりました。経済のグローバル化が急速に進み、個人レベルでも、フェイスブック、ライン、スカイプなどを利用すれば、無料で世界中の誰とでもコミュニケーションをとることが可能となっています。こうした中で、「はじめに」でも述べた通り、日本の国際社会におけるプレゼンス（＝存在感）は小さくなりつつあります。

日本の教育は記憶学習に偏重しており、１つの答えを追い求める傾向が強いために、基礎的な知識レベルは高いものの、応用力がないことが知られています。その典型が、英語教育です。中学から大学まで英語を10年間学んだ日本人のうち、世界を舞台に英語で議論できる人材がどれだけいるでしょうか。これは、これまでの英語教育が完全には機能していないことを意味しているのです。時代が変化すれば、必要とされる人材も変化します。今、必要とされているのは、基礎知識をもったうえで「世界を舞台に英語で議論できる人材」なのです。

こうした中、時代を見通す人々の中で、新しい動きが確実に出てきています。それは、「日本と海外のトップスクール併願」という選択です。時代を先取りしている中高生は、すでにこうしたことを考えています。

また、政府もこうした動きを後押ししようとし始めています。2013年、「アベノミクス」で経済に明るい期待が見え始めている中、政府・文部科学省は、日本の英語教育を本気で変えるべく舵を切り始めています。例えば、国立大学入試の英語を、これまでの和訳・文法中心の問題から、英語でのコミュニケーション能力を総合的に評価するTOEFL iBTに変更する方向で検討することを発表しました。現在の中１生が大学を受験する時の英語の入試問題は、これまでの入試英語とは異なる可能性が高いのです。

■目指すべきは世界で共創できる人

これからの時代は､「日本を含めた世界の素晴らしい大学で勉強し、世界中の人と競争し共創できる人材」を目指すことが大切です。これができる人材になれば、新しい時代のリーダーとして、世界を舞台に活躍できます。北米や英国、オセアニアだけでなく、インドや中国などのさまざまな背景をもつ国の人々と英語で議論し、新しい価値を生み出すことが、新しい時代の成功方程式なのです。

時代を見通している中高生が目指しているのは、実は、この成功方程式を満たすために、東京大学などの国内有名校とハーバード大学などの米国名門大学を併願することなのです。

もう少し細かく見ていきましょう。

旧来型の日本の教育で評価の高い生徒は、これまで頂点としての東京大学を目指していました。一方で、世界で評価される思考力や行動力をもった学生にとっては、多くのノーベル賞受賞者、あるいはフェイスブックのザッカーバーグなどの起業家を生み出してきたハーバード大学を目指すことが、１つの大きな選択肢となっています。この双方を目指すことが、実は思われているより容易にできるのです。

念のため付け加えておくと、日本には東京大学以外にも評価の高い大学はあります。一方、ハーバード大学以外にも多くの素晴らしい大学が米国を含めて世界中にあります。米国では、カリフォルニア工科大学、プリンストン大学、スタンフォード大学、シカゴ大学、マサチューセッツ工科大学（MIT)、トップリベラルアーツカレッジ各校などが挙げられ、英国にはオックスフォード大学、ケンブリッジ大学、オーストラリアにはシドニー大学、メルボルン大学、フランスにはエリート養成校であるグランゼコール各校などがあります。

本書では、高等教育においてとりわけ米国のトップスクールの評価が高いこと、米国以外の大学への進学が日本の中等教育の制度上難しい場合が多いことから、海外のトップスクールを米国のトップスクールに絞って、具体的に紹介していきます。

では、東京大学と、ハーバード大学のような海外のトップスクールを併せて目指すことが、なぜ世界で活躍する人材を生み出すのかを説明しましょう。

■東京大学とハーバード大学の二兎を追うメリット

まず、新しい時代にあった国際的な日本人は、どのような能力をもっているべきなのかを考えてみましょう。

筆者も関わった、国際文化会館理事長の明石康氏、財団法人日本国際交流センター理事長を務めた故・山本正氏、元国連大使の大島賢三氏の３名を発起人とする有志懇談会では、グローバル人材の資質・能力として以下を挙げています。

●論理的思考力
●幅広い知識
●柔軟な対人能力
●判断力
●外国語でのコミュニケーション能力
●異文化理解・活用力

また、世界的な人材を多く輩出している、米国西海岸にあるスタンフォード大学のビジネススクールでは、新しい時代のリーダーには次の 21 世紀的能力が必要であるとされています。

● Critical Analytical Thinking

正解のない問題に対して、自らのよって立つ意見の前提を意識したうえで、論理的な解決方法を見つける能力。常に答えを求めるのではなく、自ら問題を投げかけることができる。

● Personal Leadership

自らを深く見つめ、強みや弱み、存在意義を理解する能力。自らを理解している人のみが、他者や世界に影響を与えることができる。

● Innovative Thinking

創造性や多様性の側面から価値を理解し、実践的な制約の中で新しい考えを産み、応用できる能力。

では、日本の教育でこうした能力をもった人材を育成することができているでしょうか？ 日本の教育でも、「論理能力」「幅広い知識」や「日本語でのコミュニケーション力」は手にすることができます。しかし一方で、「自らを深く理解する」、「答えのない問題を設定し想像力とともにチャレンジする」、「外国語でのコミュニケーション能力」、「異文化理解・活用力」といった能力は十分に育成されていないのが現実です。

実は、二兎を追っていると、後述するTOEFL対策、エッセイ、課外活動などを通じて、これまで日本の教育ではカバーされてこなかった、21世紀に世界で活躍するための能力が養われるのです。本書では、英語（TOEFL）に関わるところが主体になりますが、できるだけ他の能力を養う部分についても触れていくことにします。

では、こうした「二兎を追い始めた学生」が聞きたくなる質問のいくつかに答えてみましょう。

Q：ハーバード大学に行くのは日本人には不利では？

「ハーバード大学などの米国のトップスクールを目指す」ことを考えた時に、あなたが考える不安とは以下のようなものではないでしょうか？

「海外の素晴らしい大学を卒業しても、就職先がないのでは？」

「日本企業の幹部人事を見ていると、結局、東京大学・早慶などの日本の有名大学を出ていることが昇進のカギになっているように思える」

こうした不安に対しては、戦後多くの東京大学卒業生が入社し、2012年に住友金属工業と世紀の大合併をした、新日本製鐵の宗岡正二社長のコメントが1つの答えになるでしょう。宗岡氏は「合併を決断した理由は」という質問に対して、「両社共通の課題として、グローバル化を担う人材が不足している」と答えたのです。つまり、東京大学卒業者が必ずしもグローバル人材ではないために、こうした人材を求めているということなのです。

また、経済産業省のグローバル人材育成委員会が2010年3月に実施し、259社から回答を得た「グローバル人材育成に関するアンケート調査」の結果によれば、74.1％もの企業が「海外展開において人材が不足している」ことを課題に挙げています。今の学生が企業で活躍するようになる10～20年後には、日本の人口は減少し、国内市場は小さくなっているでしょう。国の経済力を測るGDPが世界の6位から8位になると予想される中、世界を視野に入れて活躍することがより必要になってきます。

中高生の立場でいえば、日本の経済力が落ちる一方、急速に進むグローバル化社会において、日本のトップ大学だけを目指すのではなく、世界を視野に入れて、将来どのように活躍したいかを考え、それを実現するのにふさわしい大学に進学しようと考えることが大切になってくるのです。

すでにグローバルビジネスにおける共通言語は英語になっています。グローバルビジネスで活躍するためには質の高い授業が英語で行われている大学で学ぶことが重要なので、中国や韓国の学生は、日本の学生より早くこうした道を目指し始めています。

海外の大学を卒業したからといって、就職先の可能性が狭まることはありません。海外（主に米国）の大学への進学に関心のある日本在住の中高生に対して情報提供をしている、米国学部卒業生ネットワーク（USCANJ）というボランティア団体があります。この団体を立ち上げた山本嘉孝氏は、「米国大学を卒業した多くの方と触れ合う機会があります。彼らの進路や仕事の多様性にいつも驚かされます。皆さんに共通していることは、『自分の道は自分の手で切り拓く』ということが徹底的していることです」と話しています。同氏自身もハーバード大学を卒業し、現在は東京大学大学院で研究者の道を歩んでいらっしゃいます。

日本の高校から海外の大学へ進学する学生に対して奨学金を支給しているグルー・バンクロフト基金のホームページ（http://www.grew-bancroft.or.jp/）には、海外の大学に進学した学生が、卒業後どのように活躍しているかの情報が掲載されています。これを見ると、非常に多様な、素晴らしいキャリアを送っていることが理解できることでしょう。

こうした自ら世界を切り開いていける力こそが、先が見えにくい時代に必要なものであり、共創のできる人材に必須の能力なのです。

大学で学ぶ内容を重視することなく、ブランド優先で進学先を考え、受験のためだけの勉強をする時代はすでに終わったのです。これからは、日本を含む世界のトップスクールで何を学ぶことができるかを基準に進学先を決断することが重要なのです。

Q：ハーバード大学に入学するのは簡単？

「日本の大学は合格するのは難しいが卒業するのは簡単。一方で、米国の大学は合格するのは簡単だが卒業するのが難しい」という迷信があります。ハーバード大学よりも東京大学に入学するほうが難しいと思っている人もいるかもしれません。

確かに、かつて日本の一部富裕層の間で、日本の大学に受からなかったら海外の大学に行こう、という動きがあったのは事実です。しかしながら現在は、米国のトップスクールに入るほうが、日本のトップスクールの東京大学に入るよりもはるかに難しいのです。

いくつかの雑誌などが、世界レベルでの大学ランキングを発表しています。その中で歴史の長い英国の Times 紙によると、世界のトップは米国のカリフォルニア工科大学。これに米国のスタンフォード大学と英国のオックスフォード大学、そして米国のハーバード大学が続いています。残念なことに、日本のトップである東京大学は27位、京都大学は54位なのです。

1位　カリフォルニア工科大学　(米国)
2位　スタンフォード大学　(米国)
2位　オックスフォード大学　(英国)
4位　ハーバード大学　(米国)
…
27位　東京大学　(日本)
54位　京都大学　(日本)
早慶は300位以下に位置しています。

出典:『The Times Higher Education World University Rankings 2012-2013』

Q:ハーバード大学など米国のトップスクールに進学するにはかなり費用がかかるのでは?

確かに、ハーバード大学に入学すると、寮や食事などを含め年間に約600万円かかります。他の米国のトップスクールにおいてもほぼ同じような金額で、日本の大学の5~6倍の費用がかかります。

しかし、近年、"need-blind admissions"といって、入学審査において財政能力を合否の判定材料として確認しない方式を採用し、合格後にその学生に財政援助が必要だとみなされた場合には、奨学金を提供する大学が増えています。ハーバード大学やプリンストン大学などでは、米国の学生も日本の学生も分け隔てなく、奨学金を必要としていることが合否に影響せず、また大学に合格さえすれば、保護者の年収に応じて奨学金が支給されます。プリンストン大学同窓会は、「優秀であれば、『お金が理由でプリンストン大学に入学できない』ことは決してない」と明言しています。

なお、ハーバード大学では、保護者の年収による実質的な授業料負担を、ウェブサイト上で計算できるようになっています。これは、プリンストン大学同様、優秀な学生を確保することが目的です。貯蓄額や年収によりどの程度の奨学金が支給されるかの詳細は同大学のサイトで計算していただきたいのですが、世帯年収が約650万円以下であれば、実質保護者負担なしでハーバード大学に進学できます。

また、"need-blind admissions"を採用していない大学でも、成績が優秀であれば奨学金が提供されますし、前述のグルー・バンクロフト基金もリベラルアーツカレッジ進学の学生に完全給付型の奨学金を提供しています。

ただし、"need-blind admissions"を採用している大学であっても、留学生に対しては適用されなかったり、優秀な学生であっても2年目からしか支給されなかったり、全額支給されない場合もあるので、必ず大学の奨学金に携わるオフィスや留学生オフィスに問い合わせて情報収集するようにしてください。

■中高時代から日本と海外の大学併願を目指そう！

ぜひ、本書を手に取っていただいた方々は、将来世界で活躍できるように、早い段階から「東京大学もハーバード大学も」を目指してください。重要なことは、1）日本の大学だけを目指すのではなく、海外の大学も視野に入れて可能性を広げ、2）海外と日本の両方の大学に合格し、3）将来取り組みたいことのできる可能性がより高い大学に進学することです。

IGSには、東京大学や慶應義塾大学と米国のトップスクールにダブル合格した学生もいます。本章後半にはそうした学生の体験記を掲載しているので、ぜひ読んでください。早い段階から準備をすれば、日本のトップスクールと海外のトップスクールに同時に受かることも不可能ではないのです。そして、自らが将来行いたいことを行うための能力を最も身につけられる大学に進みましょう。

大学進学は人生における過程でしかありません。人生の本当の目的は、人生を豊かにすることです。まずは、将来、社会でどのような活躍をしたいかを考えて、そのうえで行きたい大学を決めるのを大前提としましょう。さあ、その可能性を、世界レベルに広げるのです。

2 併願のためのスケジュール

理想的には、中学校に入った段階で、日本の大学と海外の大学の両方に受かるための準備を、徐々に始めたいところです。

■英語に限らず大切なことは多い！

(1) 思考力をつけ、視野を広げる

はじめに行うべきなのは、一生モノの「考える力」をつけること。これは、大学受験にとどまらない大切な能力です。米国の大学では、入学審査時のエッセイを通じてこの力が身についているかを判断します。ちなみに、海外のある有名な小学校では、小学４年生程度から哲学やクリティカルシンキングを徹底して教えます。では、日本にいながらこうした力をつけるには、具体的にどうすればよいかを簡単に説明しましょう。

まずは、古典といわれる多くの良書を「アクティブに読む」ことです。「アクティブに読む」とは、最近はやりの速読ではなく、精読（じっくりと本を読むこと）です。その際､1）主人公になりきる､2）自分が作者になったつもりで、物語の次の展開を考えていく、ということが大切です。

そして、可能であれば哲学書にもチャレンジするとよいでしょう。IGS 学院長は､世界で活躍するために必要な「考える力」を古典（哲学書など）を通じて身につけてもらうことを目的とした入門編の書籍を現在執筆しています（大和書房より出版予定)。哲学的思考は、人生の道しるべになるでしょう。

また、世界で活躍している人と会う機会を増やすことも、思考力や視野を広げるうえで有効です。世界で活躍している人は、世界の情勢にも詳しく、そのような人と接することは考える力をつける助けにもなります。

さらに、通っている学校に交換留学の制度があれば、ぜひ応募してみるとよいでしょう。夏休みだけの短期留学であっても、五感で世界を感じることができます。将来を考えるうえで、この効果は非常に大きいものがあります。

(2) 学内成績で上位10～20%に入る

海外の大学は入試において、高校生活を通じて勉強やクラブ活動をしっかりと行い、人物的にも優れている人を評価します。多くの日本の大学のように、1回の学科試験だけで合否を決めることはありません。

ただ、どんなにクラブ活動を熱心に行っていて、人物的にも魅力のある生徒だったとしても、学力が劣っていては、評価の対象になりません。基本的なことですが、学校での勉強にはしっかりと取り組みましょう。海外の大学に出願する時には、学校の成績をGPA(Grade Point Average)で提出します。GPAとは、高校2年生と、3年生の出願時（日本の場合3年生前期）までの各科目の成績をもとに、学校ごとの方式によって算出した平均点のことです。次のものがその一例ですが、日本とは多少異なる制度になっています。

評価	点数	グレード	ポイント
非常に優秀	91～100点	A	4.0
優秀＋	86～90点	B+	3.5
優秀	81～85点	B	3.0
可＋	76～80点	C+	2.5
可	71～75点	C	2.0
準可	61～70点	D	1.0
不可	60点以下	F	0.0

多くの海外のトップ大学は、日本の制度と米国の制度が異なるとは理解していますが、十分ではないので、各学校から成績を送付する時には、学校の評価システムを詳しく説明する必要があります。学校の先生がこの点を詳しく知らないようであれば、早期に働きかけ、しっかりと説明してもらうようにしましょう。

(3) 社会貢献を意識する

海外の大学における選考基準としてもう1つ特徴的なことは、個人として社会にどのように接してきたかを非常に細かく見る点です。よく米国人は日本人に比べると集団行動が苦手で、個人主義が価値観の中心にあるといわれます。ただ、個人主義が価値観の中心であっても、所属する社会に積極的に貢献しようという気持ちをもつ人が大半です。これには、宗教教育の中で「隣人愛」を意識することが多いことも関係しています。大学側も、社会に貢献する人材を育成したいと考えているので、個人が社会とかかわることを非常にプラスに捉えています。ですので、社会との関係を積極的にもち、ボランティア活動に積極的に参加していきましょう。これは日本の大学を目指していても、とても大切なことです。

(4) 将来したいことを考え始める

将来、自分が何をしたいのかを考え始めましょう。その目標を達成するために、これから何を勉強する必要があるのか。そして、それを勉強するためには、世界のどの大学を目指すのがよいのかを比較検討するのです。将来やりたいことを達成するには、東京大学など日本の大学で勉強するのがふさわしいと考えるのであれば、それでよいでしょう。一方、例えば米国の大学へ進学するほうが将来したいことを実現できそうであれば、米国の制度に合わせた勉強が必要になるので、その準備を始めましょう。

また、米国の大学を目指す学生の一部は、その進学理由として、米国の多くの大学では入学段階で文系・理系の区分けがないことを挙げています。「考えたけれども広く可能性を探る」ために米国の大学を目指すこともよいでしょう。

■米国の大学の仕組みを理解しよう

米国の大学の仕組みを説明します。併願を目指すうえで、その目標となる大学のシステムの理解は必須です。ここでしっかりと理解しておきましょう。

米国にも日本と同じく、2年制大学と4年制大学があり、4年制大学は大きく「総合大学」、「リベラルアーツカレッジ」、「専門単科大学」の3つに分けることができます。

まず、大学院課程をもつ大学は「総合大学（Universities・Colleges）」と呼ばれ、日本の東京大学などの大学に相当します。ハーバード大学やイエール大学、スタンフォード大学など、多くの学部から成り、学士課程、修士課程、および博士課程までを備え、主に大学院を重視する研究中心の総合大学が University と呼ばれます。学生数が1万人以上の大規模校も多くあります。一方、学士課程および修士課程を備えた単科大学は College と呼ばれ、小規模～中規模の総合大学になります。

次に、日本ではあまり知られていませんが、「リベラルアーツカレッジ（Liberal Arts Colleges）」とは米国発祥の大学群で、一般教養課程を主体とした大学です。米国には、ハーバード大学やスタンフォード大学と同等かそれ以上の教育の質を持つリベラルアーツカレッジが数多くあります。

リベラルアーツカレッジ出身の国際的なリーダーとしては、ヒラリー・クリントン前米国国務長官（ウェルズリー大学）、国連で事務総長を務めたコフィー・アナン氏（マカレスター大学）、そして、現米国大統領のバラク・オバマ氏（オクシデンタル大学）などがいます。

リベラルアーツカレッジに人気と実績があるのは、米国の優秀な学生の間に、リベラルアーツカレッジで一般教養を学ぶことで視野を広げ、大学院で専門分野を鍛えるという考え方が浸透しているからです。多くのリベラルアーツカレッジは、１学年の学生数が500人前後と総合大学に比べて小規模です。そのため、10～20人程度という少人数のクラスで、教授から直接指導を受けることができます。また、４年間、人文・社会科学、自然科学、芸術など複数の分野を学ぶことができるのもその魅力です。大学にもよりますが、特定の専門分野を定めず一般教養で学士号を取得することも、一般教養を学んだ後、あるいは一般教養と並行して専門分野を学び、その専攻で学士号を取得することも可能です。

最後に、「専門単科大学（Specialized Colleges）」とは、ビジネス、建築、看護学などの専門分野の教育を提供する大学です。日本の芸術大学や音楽大学がこれに相当しますが、このような大学のうち、芸術・建築系の大学の中には、入学審査時に個人の能力・技能を示す作品の提出やオーディションが義務付けられる場合があります。

ところで、近年、日本の留学斡旋業者が積極的に手掛け米国留学の代名詞になりつつあるのが、日本の短期大学に相当する「コミュニティカレッジ（Community Colleges）」と呼ばれる地域密着型の２年制大学です。比較的入りやすいにもかかわらず、成績がよい場合にはその州の４年制州立大学に編入できる制度がある大学もあり、人気となっています。このため、日本からも多くの留学生が通っています。ただし、ここで注意が必要です。英語力がないままコミュニティカレッジに留学した学生の多くは、在学中に高い成績を維持することができず､4年制大学に編入できないという現実があります。「コミュニティカレッジに入れば必ず４年制大学に編入できる」わけではなく、相当努力する必要があります。４年制大学進学コースの有無など、州や大学によって制度も異なるので、編入を考えている場合には事前にしっかりと調べておくことが大切です。

■米国トップスクール入学方法

米国の大学では、日本のように大学ごとに異なる学科試験が課されるわけではありません。その代わり、いくつか出願時に提出しなくてはいけない書類があります。

まず、留学生は、大学での勉強において、米国人学生と同等に論文の執筆やディスカッションをし、研究発表に参加するための英語のハンディがないことを、受験する大学に証明する必要があります。英語能力テストにはいくつかありますが、本書では米国をはじめ世界で最も広く採用されているTOEFL iBT（Test of English as a Foreign Language Internet-based Test）を例に説明します。必要となるスコアは各大学・専攻によって異なりますが、まずはTOEFL iBTで80点以上とることを目標にするとよいです。TOEFL iBTは、ハーバード大学などのようなトップスクールであれば100点以上のスコアが必要になってきます。本書では、この点数をどのように上げていけばよいかを、第２章以降で詳しく紹介していきます。

次に、日本のセンター試験に近い「SAT（大学進学適性試験）」と呼ばれる共通テストを受験する必要があります。SAT Reasoning Testの試験科目は、クリティカルリーディング、ライティング、数学の３科目。それぞれ800点満点で、合計2400点満点です。公式には発表されていませんが、ハーバード大学に合格するためには、SATで2200点以上が目安となります。米国人を評価するためのテストなので、この点数は日本人にとっては非常に厳しいといえます。TOEFLで100点近くとっていても、SATのクリティカルリーディングとライティングではかなりてこずる場合が多いのです。

ハーバード大学などの最難関校の受験では、SAT Reasoning Testの他に、SAT Subject Tests（物理や化学などの科目別テスト）を受ける必要があります。各科目の試験内容はそれほど難しくありませんが、英語の語彙力と読解力がないと苦労することになるので、英語力を底上げする必要があります。物理のテストを受ける場合は、高校の物理の授業が終わった高校２年の終わりに受験するとよいでしょう。大学によっては、受験科目が指定されている場合もあるので、大学や学部ごとのウェブサイトや要覧などで調べておきましょう。

なお、入学試験の日程が決まっている日本の大学と異なり、米国では、これらの標準テストを何度でも受験することができます。米国の大学は、受験生の潜在能力をしっかりと見極めようとしているのです。TOEFL iBT については、よいスコアだけを選んで大学に通知することができますが、SAT については、受験したテストすべてのスコアが大学に通知されます。

これらの標準テストの成績が出揃ったら、最も重要なエッセイを書く作業に入ります。エッセイによって、大学は学生の全人格的な人物評価を行います。したがって、エッセイを書く際には、自らを振り返ることが大切です。高校２年までに行ったボランティア体験などを盛り込み、自らが社会とどう向き合おうとしているのかを書き、人生において重要な力（問題設定力、創造性、クリティカルシンキング能力）も、エッセイを通じてアピールしましょう。付け焼刃では、入試担当者に見抜かれてしまうので、先にも書いた通り学業以外にも力を入れて高校生活を送ることが重要です。

これまで述べたことを高校２年までに行えば、海外からの留学生や米国人と渡り合うための英語力、考える力、そして幅広い学問の基礎ができていることでしょう。そして、英語力に関しては、日本のトップ大学に合格できるレベルにすでに達しているはずです。次項で体験談を述べている IGS の学生は、東京大学や慶應義塾大学の英語の試験はあまりに簡単だったと話しています。

ただ、日本の大学は、学校ごとに独自の学科試験を課すため、現実には、このほかに日本の大学受験のための勉強が必要になります。対応の仕方は、高校２年の時点で TOEFL、および SAT Reasoning Test でどの程度のスコアをとれているかで異なってきます。例えば、高校２年の段階で TOEFL iBT で 100 点、SAT で 2000 点近いスコアがとれていれば、高校２年から日本の大学入試までは、日本の大学受験に向けてセンター試験や国立大学の二次試験対策を行うことが望ましいでしょう。後で紹介する、IGS卒業生で東京大学文科二類と米国のトップスクールに合格した学生も、この方法をとりました。もちろん、部活や課外活動は継続してください。勉強以外にも大切なことはいろいろあります。

一方、高校２年の段階で、TOEFL iBTが60点程度、SATが1200点程度であれば、そこから日本の大学受験の準備とTOEFL iBTおよびSATの勉強を同時並行で行うのは難しくなってきます。将来を見据え、日本か海外のどちらかに絞るほうがよいかもしれません。本書を読んで、高校２年までにTOEFL 100点、SATで2000点を早期にとってしまいましょう。

また、将来、東京大学などの英語の入試問題がTOEFL iBTになった時には、学校の勉強にしっかりと取り組み、TOEFL、SAT、そしてエッセイの準備をしていけばよいでしょう。二兎を追うのがより簡単になります。

本書は、こうした併願においてその基本となる英語をどのように学ぶのかに内容を絞っています。実際に米国のトップスクールと東京大学との併願を行う場合の対応（思考法、エッセイ対策、SATなど）や財政証明書など米国の大学に進学する場合に必要なもの、具体的なスケジュールについては、Z会やIGSの説明会に来てください。

3 合格体験記

CASE 1 慶應義塾大学とジョージタウン大学合格

清水優紀さん（女性）
白百合学園高等学校卒業

米国を目指したきっかけ

私は中学に入った頃から東京大学を目指し、学校の勉強をこなした後はほぼ毎日塾に通うという、一般的な受験生としての生活を送っていました。しかし、なぜ東京大学を志望するのか、東京大学に入ってからどうするのかなどは、まったく考えていませんでした。そのような自分に疑問を感じていた高校２年の終わり頃、名門リベラルアーツカレッジの１つ、ヴァッサー大学の学生の方と話す機会がありました。日本の大学とは全然違う規模や環境、リソースの豊富さは、私にとってはその時に漠然と目指していた東京大学よりもずっと魅力的に感じました。受験まで残り丸１年。ここで進路変更をすることは明らかにリスキーでした。しかし、一度見てしまった世界に入らずにはいられないという思いが強くなり、思い切って進路変更をすることに決めました。

日米併願について

米国の大学受験では、１月上旬にすべての大学の出願を終え、１月中旬から３月にかけて、一部の大学では卒業生と面接を行います。その頃、周りの友人のセンター試験や二次試験が始まる中、私は高校を卒業してから大学に入る８月までのギャップタームに何をして過ごそうかと考えていました。米国での勉強に備えて、基本的な学問的知識を身につけたい、そして、人間関係を広げて一時帰国した時に会える友人が増えれば、自分の米国での変化や立ち位置を知ることができる、と思い、急遽、慶應義塾大学経済学部を受験することにしました。たった２週間しか受験の準備期間がない突然の決断でしたが、高校２年までの受験勉強で力を入れていた数学や、SAT と TOEFL で培った英語力で無事合格することができました。また、慶應義塾大学合格時に TOEFL iBT で 90 点に達していたので、フランスを代表するグランゼコールの１つであるパリ政治学院（Sciences Po）に２年間、慶應義塾大学在学中に留学し、両校の修了要件を満たすことにより、卒業時に２つの学位を取得できる、数名のみが参加できるプログラムにも合格しました。

合格までの道のり

高校３年生になるのと同時にIGSに入塾したため、受験準備期間はちょうど１年間でした。４月から夏まではTOEFL、夏休みはSATに集中、そして夏の終わりから出願締め切りの１月１日までエッセイを書き続けました。

TOEFLはIGSに入る直前に受けた点数が120点満点中80点でした。学部留学の一般的な基準となる100点を目指し、勉強を開始しました。リーディングとライティングは、日本の受験勉強でほぼカバーできていたのですが、リスニングとスピーキングが一向に伸びず、とても苦労しました。100点まであと少しになっていた頃は、道を歩く時も人目を気にせずにリスニング教材を聞きながらぶつぶつシャドーイングをしていたのを覚えています。

夏休みはIGSにこもってSAT漬けでしたが、勉強以外の刺激もとても多かったです。毎日朝７時半から夕方５時まで、日本だけでなく米国や英国のトップスクールに通う学生や、日本国内のインターナショナルスクールに通う学生が集まった不思議議な場で、SATの過去問を解いていました。自分が今まで見たことのない環境で育った高校生と共に過ごすことが大きな刺激となりましたし、米国の大学受験に関する情報共有の場としても非常に役立ちました。何よりも、英語を母語としない学生が自分だけだったので、夏休み前まではほとんど英語を話せなかったのが、夏休み明けには日常会話は少しできるようになり、発音も上達しました。環境としてSAT特訓はとても楽しい場でしたが、やはりテスト自体では大変苦労しました。リーディングはTOEFLや日本の大学受験とは比べものにならないぐらい膨大な量で、かつ難解な単語を含む文章を短時間で読み、日本の大学受験で言う現代文のような問題を解かなくてはいけませんでした。私にとってはSAT特訓が一番の壁でした。ライティングのエッセイに関しては、IGSにインターンとして来日していたハーバード大学の学生に指導してもらいました。世界トップレベルの教育を受けている学生の採点は厳しく、時には悔しい思いもしましたが、彼女と大学について話すことは自分の受験へのモチベーションアップにも繋がりました。

1回目のSATを終えた10月に、11月1日締め切りのコロンビア大学のためのエッセイを書き始めました。1カ月で何とか仕上げた5本ほどのエッセイは、その時は十分なものに見えましたが、世界レベルで戦えるものからは遠かったのでしょう。12月初旬の結果発表では最初の不合格という通知を受け取りました。それ以降はこの悔しさをバネに、よりよいエッセイを書こうという意気込みで、毎日新しいエッセイを書いては学院長に採点してもらうことを繰り返し、12月31日の夜中にすべてのアプリケーションを提出しました。年明けには大学ごとの面接を経て、3月終わりにジョージタウン大学、バーナード女子大学、スミス大学、コネティカット大学、オクシデンタル大学、ドレクセル大学、フィリップス·エクセター·アカデミー(ボーディングスクール)、そして慶應義塾大学から合格を頂きました。この1年してきたことのどれか1つでも欠けていたら、この8校からの合格はなかったと思っています。

☘ 準備で役立ったこと

IGSでの学院長によるリーダーシップの授業では、私にとって重要な思考の軸を形成することができました。これは出願用のエッセイを書いていく中で大きな助けとなりました。例えば、授業で「自由と平等」をテーマに、ミルやカント、トクヴィルの文章を読んだうえで議論をした時、無意識のうちに自分は自由に重きを置いているのだと気がつきました。その後、経済についての授業ではハイエクやケインズの文章を読み、古典的自由主義に惹かれ、自由という自分の価値観を確固たるものにしました。米国の大学に提出するエッセイは、成績などのデータでは表すことのできない自分について大学側にアピールする場であるため、自分がどうしても譲れない大事なものや価値観をもつことは非常に重要なことだと実感しました。

✿ 今後について

将来のことは、正直なところ、まだあまり考えていません。大企業に勤めて後々は起業したいと漠然と思ってはいますが、それがどのような業種なのか、それ以前に大学では何を専門に勉強したいかもまだはっきりとはしていないのです。今は慶應義塾大学の経済学部に通っていますが、経済以外の一般教養科目でも興味のあるものがたくさんあります。専攻を大学２年まで決めなくてよいという点も米国の大学のメリットだと思うので、ジョージタウン大学に通い始めたらこれを有効活用して本当に学びたいことを突き詰めていくつもりです。卒業してからは、４年間勉強してきたことがうまく活かせて、かつ人のためにも自分の成長のためにもなる仕事に就ければと思っています。

✿ 皆さんへ

少しでも海外進学に興味をもたれているのであれば、日本と米国の大学どちらが自分に適しているのか、またどちらか一方だけなのか両方とも受験するのかを吟味してから、思い切ってチャレンジしてほしいです。私自身、米国への進学を決めたのが受験直前だったため、周囲には反対されました。しかし、常に周りを説得できるように、また結果が出せるように努力を心がけてきたつもりです。１年経って、それが目に見える「合格」という形で返ってきたのだと感じています。今自分がどのような段階にあっても、何かに興味をもち、それを行うことが可能であるならば、多少のリスクは覚悟で手を伸ばしてみるべきだと思います。ぜひ、頑張ってください。

CASE 2　東京大学とワシントン大学合格

アングル禎人さん（男性）
駒場東邦高等学校卒業

米国進学を志望したきっかけ

こんにちは、アングル禎人です。突然ですが、皆さんは将来何をしていたいでしょうか？ また、その夢を成し遂げるためにどのような大学生活を送りたいでしょうか？ こんなことを聞いても「わからない」という人が多いのでは、と思います。かくいう僕もそんな一人でした。そんな僕がどういう経緯で日米の大学を併願し、結果どういう選択をしたのか。この体験談が読者の皆さんの参考になれば幸いです。

僕は日本人ではなく、米国と日本のハーフです。しかし、7歳の時に日本に移り住んでからは日本の教育機関に通っているため、中身は完全に日本人と言っても過言ではないでしょう。中学受験も経験し、毎年東京大学合格者を多数出す私立の中高一貫校に進学しました。そのままレールに乗っていれば、無難に日本の大学を専願し、進学するコースにいました。

転機が訪れたのは中学3年の夏です。夏休みに僕は米国にいる従兄弟のもとに2週間遊びに行ったのですが、楽しそうに学校生活のことを話す従兄弟を見て、「米国での学生生活」を送りたいという思いが芽生えました。これが米国の大学を志望するようになった直接のきっかけです。また、僕の通っていた学校では高校から直接米国に進学する人が今までまったくおらず、僕が第1号になるということに魅力を感じたのも動機としてありました。

ではなぜ米国の大学専願ではなく、日米併願としたのか？ 進学校に通っていた僕は東京大学に合格するという思いを捨てきれずにいました。また、米国に進学する動機が非常に感情的なものだと自覚していたことが迷いにつながり、日本に残るという選択肢を残したかったというのもあります。日米併願を何となく決めたのが高校2年生の時だったのですが、当時僕は相当な迷いを抱えていました。そんな時に出会ったのがIGSです。

✿ 併願に向けてのスケジュール

IGSを知ったのは両親を通してでした。高校2年の10月に両親と共にIGSのcritical thinkingの体験授業と学院長のカウンセリングを受けたのですが、学院長に「日米の頂点を取ってしまえ」と言われ、迷いが消えたのをよく覚えています。また、初めて受けたcritical thinkingの授業に米国での教育の片鱗を見た気がして、大変な衝撃を受けたのも印象に残っています。こうしてIGSのもとで、本格的に日米併願の道を志し始めた僕の大まかな当初スケジュールは以下の通りでした。

- ●高校2年10月～高校3年4月：SAT対策（日本の受験勉強はあまりしない）
- ●高校3年5月～7月：各種エッセイの作成（受験勉強と並行）
- ●高校3年8月～：日本の受験勉強に完全集中（米国対策は最小限）

僕はあまり器用な性格ではなく、コツコツと2つのことを並行するのが苦手だったため、以上のような集中したスケジュールを組み立てました。SAT対策はIGSに通い、配布される過去問と週1回あるその添削を中心に対策を進め、エッセイは学院長との面談や添削を通して作成していきました。

しかし、実際にこのスケジュール通りには進みませんでした。高校3年の時に体育祭の準備に専念したためSAT対策に十分な時間をかけられなかったことと、東京大学に確実に合格する実力が自分にはなかったため受験勉強に追われ、IGSに通う余裕がなくなったことが要因としてあります。よってSATもエッセイも不十分なまま出願してしまい、米国の大学のほうは第1志望に落ちたため、完全に満足していないのも事実です。しかし、後悔はしていないので、よしとしています。

✿ 日米の大学を併願することの難しさ

米国の大学に日本の高校から直接進学しようとすることはさまざまな苦

労を伴いました。特に、僕の高校はそのような前例がなかったため学校全体の協力を得ることは難しく、学年主任の先生と担任の先生、そして僕と両親の四者で試行錯誤することとなりました。特に9月からはIGSにほぼまったく通えず、両親や先生の力を借りてコモンアプリケーションの記入や推薦文の用意、エッセイの完成に取り組みつつ、東京大学合格に向けた受験勉強に集中して取り組んでいたため、大変苦労しました。東京大学の合格可能性判定がCだったのも相まって一時は米国どころではなく、米国の大学に出願するモチベーションが下がっていたことも苦労した理由です。

しかし、米国の大学を目指して役に立ったこともたくさんあります。SAT対策を通して米国の教育のレベルが垣間見られたのは、「米国での学生生活」を送りたいと思っていた自分にとって非常によい経験でしたし、何より英語力も向上しました。また、エッセイの作成の際に英語で文章を書く力がついたのはもちろんのことですが、それに至るプロセスとして何度も行った学院長との面談や週1回IGSで開催された「リーダーとの対話」を通して、自分の将来や過去を見つめ直す機会を得られたことは、大変貴重な経験となりました。その経験を通じて自分の人生設計を組み立てることができ、これは現在大学生活を送っている僕にとって大変役に立っています。大学は将来に向けて日々目標を持って過ごす場所。将来像が見えている人と見えてない人では、楽しさは変わらずとも、やはり充実度がまったく違うと身に染みて思います。

✿ 日米の大学を併願してみて～現在～今後

日米併願をした結果、僕は第1志望であったプリンストン大学に落ちたものの、ワシントン大学、ボストン大学、オレゴン大学、インディアナ大学、ドレクセル大学に受かり、東京大学にも合格しました。強力なダンスプログラムのあるプリンストン大学に行けなかったのは大変残念ではありますが、それでも僕は東京大学で送っている学生生活に大変満足しています。現在は、プロも輩出している東京大学のダンスサークル（WISH）に加入し、プロのストリートダンサーになるという将来の夢を実現させるため、毎日練習に励んでいます。とても充実した生活で、プリンストン大学に落ちたことなどもうどうでもよいというのが本音です。他に受かった米国の大学もキャンセルしました。今後は、東京大学でダンスに打ち込み、世界を視野に入れた活動ができるダンサーを目指してやっていくつもりです。できなければそれまでです。東京大学で受けた教育を活かし、留学も視野に新たな道を探るつもりです。

実は、ダンサーという夢はエッセイ作成や日米併願の準備を進めていく中で、新たに見えてきた夢です。それまではダンスをしたいという曖昧な願望のまま、なかなか思い切りがつきませんでした。自分の本当にしたいことは、苦労の中でこそ、はっきり見えてくるものではないでしょうか？ 米国の大学に行きたい、けれども日本の大学も捨て難い。自分は何がしたくてどちらに行きたいのか。迷っている読者の皆さんは、基礎学力の不安をなくし、時間に余裕を持ったうえで、最初から取捨選択することなく日米併願することをオススメします。そうすれば見えてくることは必ずあります。努力を始めるのはいつでも遅くありません。読者の皆さんの合格を祈っています。

第2章

目指せ TOEFL iBT® テスト 100 点！

TOEFLって何？

一言でいえば、海外で学ぶための英語力があるかどうかを確認するテストです。世界のほぼすべての大学でそのスコアが英語力判定として採用されています。覚えておいてほしいのは、**英検やTOEICが日本を含めたほんの一部の国でしか通用しない英語試験である一方、TOEFLは世界で通用する英語試験だ**ということです。「私は英検1級です」といっても米国の一部の大学しか英語ができると認めてくれませんが、「私はTOEFL iBTで100点です」といえば、世界のほぼすべての大学・大学院が学校生活で英語の問題がない学生だと判断してくれるのです。

少し難しい話をすると、TOEFLは米国のEducational Testing Service（ETS）という研究機関で英語を母国語としない学習者の能力を評価する試験として開発、運営されています。

■ TOEFL iBTとTOEFL Juniorの違い

ハーバード大学などの世界のトップスクールは、英語を母国語としない学生には入学の条件としてTOEFL iBTを受けることを義務付け、最低でもTOEFL iBTで100点をとることを課しています。ただ、このTOEFL iBTは大学の学習についていけるかどうかを判断するための難易度の高いテストなので、中学生にとっては少しバーが高いものです。そこで、小学校高学年から中学生が理解できる内容のテストとして開発されたのがTOEFL Juniorです。言い換えると、あなたが中学生だったとして、海外の中学校に転校する時に最低限必要な英語力があるかどうかを測るテストがTOEFL Juniorなのです。実際、日本の中学から、海外の寄宿制中等学校（ボーディングスクール）に進む生徒もでてきています。IGS生の中でも、東京の名門中学に通うかなり多くの生徒が、海外の名門ボーディングスクール進学を目指しています。

つまり、**英語圏の大学に行きたいなら TOEFL iBT、その前段階の準備、および英語圏の中高に行きたいなら TOEFL Junior のスコアが必要**となります。ただし、TOEFL Junior を受験して海外のボーディングスクールに通学していても、国籍が日本の場合には TOEFL iBT 100 点を課す名門大学は多いので、**最終的には TOEFL iBT 100 点をとらなければならない**ことには変わりありません。

では、もう少し詳しく各テストの構成を見ていきましょう。

TOEFL iBT とは

■インターネット上で行われるテスト

iBT とは Internet-based Test の略です。つまり、慣れ親しんでいる紙と鉛筆、マークシートのテストではなく、**コンピュータを使って行われるテスト**です。読んでいる箇所に書き込みができなかったり、振り返って見直しができないなど、環境には窮屈なところもありますが、テストを受けることで慣れていくことができます。

■何を測るテストか

世界の大学や大学院、その他の研究機関などで学習・研究を行ううえで必要な英語の能力があるかどうかを測るテストです。大学の授業や研究室、あるいは図書館、学生課などキャンパス内のいろいろな場面で使われる生きた英語がその題材となります。将来的には、日本の大学の英語試験に置き換わる可能性もあるでしょう。**TOEFL iBT は、リーディング・リスニング・スピーキング・ライティングの４分野から出題され、あなたの英語力を総合的に評価します。**

テストでは、それぞれの能力を独立して測る独立型問題（Independent Task）に加え、スピーキングセクションとライティングセクションでは、読む＋聞く＋話す、聞く＋話す、読む＋聞く＋書くという組み合わせから成る統合型問題（Integrated Task）が出題されます。テスト本番では4時間をかけてこの4つの能力が測定されます。大学生活をベースにした場面設定で英語の能力が試されるので、英語そのものの正確さもありますが、より大切なのは**英語で意思疎通ができる**という点です。

実際に、テストの構成を見てみましょう。

セクション	設問数	試験時間
リーディング	36～56問	60～80分*
リスニング	34～41問	60～90分*
休憩（10分）		
スピーキング	6問	約20分
ライティング	2問	50分

*リスニングセクションとリーディングセクションは問題数により試験時間が変わります。

リーディングセクションでは、1題あたり700語程度のパッセージについて12～14の設問があり、3～4題のパッセージが出題されます。各パッセージの制限時間は20分ですが、その時間内であれば前の問題に戻ることが可能です。

リスニングセクションでは、1題あたり6つの設問がある講義が4～6題と、1題あたり5つの設問がある会話が2～3題出題されます。

スピーキングセクションでは、独立型2題、統合型4題の合計6題が、ライティングセクションでは、独立型1題、統合型1題の合計2題が出題されます。

長丁場で体力が必要なテストです。また、コンピュータを使ったテストなので、

＊リスニングセクションとスピーキングセクションでは、備え付けのヘッドセットを使う

＊ライティングセクションでは、コンピュータのキーボード

(QWERTY 配列）を使って入力する

＊一斉スタートでなく会場で受付が完了した受験者から順にテストを開始する

という特徴があります。もし、コンピュータのキーボードでブラインドタッチができないようであれば、QWERTY 配列のキーボードで早く打てる訓練をしておきましょう。

スコアは、4技能がそれぞれ0～30点で評価され、これらを合算した0～120点が得点の範囲になります。これは、合否で測る英検とは異なり、受験者の英語の実力を4技能で分けて測り、そして英語で意思疎通ができるかどうかを総合点で評価するという意図によります。米国の UCLA（カリフォルニア大学ロサンゼルス校）などでは、英語で意思疎通ができるかどうかを TOEFL iBT の総合点で評価する一方、日本人はスピーキングが苦手なことが多いため、スピーキングの点数は24点以上を課し、米国の大学生活についてこれるかを判断するようにしています。

TOEFL iBT の詳しいテスト内容については、ETS が発行している *Official Guide to the TOEFL Test* や ETS が運営する公式サイト（http://www.ets.org/jp/toefl)、日本事務局の公式サイト（http://www.cieej.or.jp/toefl/index.html）などを参照してください。

3 TOEFL Junior とは

TOEFL iBT の英語が大学の教養レベルであるのに対して、TOEFL Junior は、英語圏の中学校において学び・暮らすうえで必要な能力を測るための内容になっています。テストの方式は皆さんが慣れている PBT（Paper-based Test)。印刷された問題を読み、解答用紙にマークする方式です。3つのセクションに分かれ、合計で126題の択一式になります。

テストの構成を見てみましょう。

セクション	設問数	試験時間
リスニング	42問	約40分
文法・語彙	42問	25分
リーディング	42問	50分

*今後、ライティング、スピーキングが加わったテストが導入予定です。

3つのセクションのスコアはそれぞれ200～300点で評価され、総合点はこれらの合算で600～900点になります。

日本の大学の学内選抜試験や大学院入試などでも採用されている TOEFL PBT と同様、文法と語彙のセクションがありますが、TOEFL Junior のそれは中学校などで意思疎通ができるかどうかを判断するための基礎的なレベルです。実は、TOEFL iBT においても、日本の高校生が学ぶような複雑な文法知識は問われておらず、**中学校で学ぶ程度の文法知識で、TOEFL Junior のみならず TOEFL iBT 100点の基礎が完成できる**といえます。TOEFL Junior では英語力の基礎となる文法知識が直接評価されていて、TOEFL iBT ではスピーキングやライティングセクションにおいて文法知識の応用力が評価されているということになります。

以上が、TOEFL というテストの概要です。ここで、TOEFL iBT 100点を目指した学習をするメリットをまとめておきましょう。

- **TOEFL で高得点をとると日本の大学だけでなく、海外の大学を目指せる**
- **TOEFL で高得点がとれるだけの英語力をつけると、世界を舞台に活躍できるレベルの「読む、聞く、書く、話す」能力が身につく**

まさに、新しい時代にふさわしい中高生の英語目標といえるでしょう。次の章から、具体的にどのようにこの TOEFL の点数を上げていくことができるかを見ていきます。

第3章

IGS メソッドによる英語運用力養成

1 まずは、目的意識！

TOEFLを勉強していくうえで､最も重要なこととは何でしょうか。記憶力でしょうか。耳がよいことでしょうか。勉強する時間を確保することでしょうか。

実は、TOEFLを勉強していくうえで最も大切なのは、気持ちをゆらがせることなく、TOEFLで100点をとるんだと思い続け、努力していくことです。技術よりも気持ちが大切。というのも、TOEFLは勉強し続ければ確実に点数が上がるテストだからです。

そして､まず最初に､**「なぜTOEFLを勉強するのか」**という基本的、しかし最も重要な部分を追求しましょう。いくつか、例を挙げてみましょう。

『なぜ勉強するのか。』
→「ハーバード大学に入学したい！」
『なぜハーバード大学に入学したいのか。』
→「将来世界で活躍したい！」
『なぜ将来世界で活躍したいのか。』
→「尊敬する緒方貞子さんのようになりたい！」
などです。

ここでは、どんどん自問を繰り返し、自らの内面に入り込むことがカギです。あなたが心から強く願うことを明らかにしていくのです。その際に、「マインドマップ®」が有効なツールになります。マインドマップを利用すると、効果的に自らの内面に入っていくことができるのです。

■マインドマップとは

マインドマップという言葉を、聞いたことはありますか。マインドマップとは、米国をはじめ世界各国で利用されている、考えを整理するためのツールです。論理をつかさどる左脳だけではなく、感覚などをつかさどる右脳も同時に動かしながら、あるテーマを深く掘り下げて考えていくのに便利です。

まず、目的を明確化するために、あなたの目的をマインドマップの中心に書きます。例えば、「東京大学とハーバード大学ダブル合格」。そこから、木々の枝が先に先に延びていくように書き続けます。例えば、ハーバード大学合格のためには何が必要か。なぜ、ハーバード大学合格を目指すのか。その目的をできるだけ具体的に書くことが大切です。また、中央から伸ばす枝は、曲線を使いましょう。こうすることで、右脳を働かすことができます。そして絵なども利用し、楽しい気持ちで内面を表現することが効果的です。気をつけたいのは、異なるカテゴリーを1つの枝に混ぜないことです。そして、カテゴリーごとに色や線の種類を分けて書き進めるようにしましょう。色鉛筆を利用して描くと、楽しい気持ちになります。以下で、例を見てみましょう。

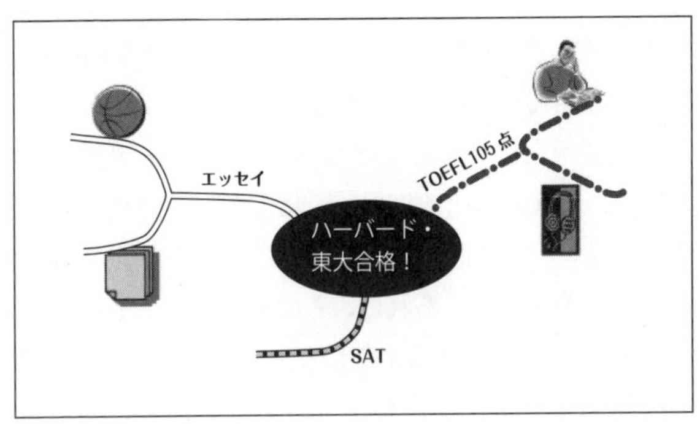

ぜひ楽しみながらマインドマップを作成してみてください。また、マインドマップについて詳しく知りたいのであれば、マインドマップの公式本である『新版 ザ・マインドマップ®』（ダイヤモンド社、2013年）を読んでみてください。

■みんなに目的を宣言しよう！

次に、TOEFL でいつまでに何点をとるか自己宣言をしましょう。つまり、目的を数値でも明確化していきます。その際、マインドマップの作成で考えた、「なぜ TOEFL で高得点をとる必要があるのか」を自問し、宣言するようにします。これを机の上に貼るなどして、常に TOEFL の対策をすることの動機づけを行いましょう。

自己宣言文

> 私は、　　年　　月
> TOEFL iBT で　　　点とります。
> 理由は、　　　　　　　の
> 目標を達成し、充実した人生を歩むためです。

■あきらめず、努力せよ！

TOEFL は努力によって確実に点数が上がるテストですが、今日勉強したものが明日すぐに結果として出るものではありません。どんなに努力をしても一定の時間がかかり、さらに、結果は必ずしも目的に向かって一直線で出るものでもありません。

ここで意識する必要があるのが、次にあるような勉強のステップです。最初に、「何ができないのかを理解する」ことが必要です。これによって、苦手な部分を見つけるのです。「リーディングの点数が悪い」というだけでは不十分で、「語彙力がないためにリーディングができない」という程度まで、詳細に理解する必要があります。そして、弱点がわかったのであれば、その部分を向上させていきましょう。繰り返せば、必ずできるようになります。ここを乗り越えると、意識しなくてもできるようになり、結果を勝ち取ることができるのです。

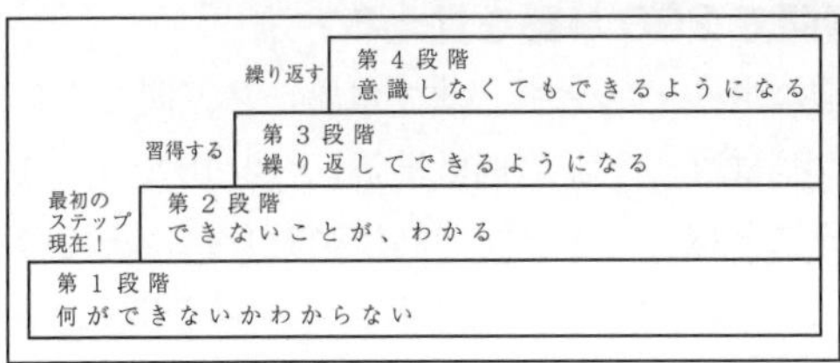

TOEFLを勉強している学生の一部は、すぐに結果が出なくてあせり、残念なことに途中であきらめて努力を止めてしまいます。一方で、TOEFL iBTで100点をとる人の特徴は、目的意識を明確に持ち、自らの力を信じて走り続けるところです。もちろん、やり方に問題があれば結果は出ませんが、本書で正しい勉強法を学ぶことができるので、本書を手にしているあなたにはこの心配はありません。大切なことは、モチベーションを高く保ち、日々の積み重ねを行うことです。自ら、一段一段階段を上っていくのです。そうすれば必ず目的に達することができます。さあ、勉強を始めましょう！

2 すべての基本は単語～ TOEFLはじめの一歩

英語でコミュニケーションをとる時、何が一番大切でしょうか。これまでの日本の英語のテストでは、「文法的に間違いのない正しい英語」を書くことに多くの比重がおかれていました。そして授業においても、文法の正しさを確認するために、語彙の入れ替え問題や、文法を正しくとった和訳に取り組むといったことが大半をしめていました。しかし、こうした英語の知識はあっても、実際には英語を話すことができない日本人はかなりいます。なぜでしょうか。英語で十分な意思疎通を行うためには、文法よりも単語の知識がカギになるからです。例えば、allowanceという単語が発音された場合、「アロウアンス」と聞き取れても、それが「許可」を意味することが理解できなければ仕方がないのです。

■ 1～2週間で200単語を覚える方法

単語200語を1レベルとし、まずは1～2週間で1レベル分の単語を覚えていきます。下記の例は単語レベル10です。1～2週間で200語ということは、約1年弱で高校卒業レベルまでの単語を覚えるスピードです。すさまじいと思われるかもしれませんが、IGSに通う、明確な目的をもつ多くの中高生は、それを達成しています。ハーバード大学入学レベルでは16,000語程度の語彙力が必要とされています。つまり、この単語を覚えるペースでも、ハーバード大学レベルの語彙力を身につけるためには、4年間かかるのです。

offer	forgive	depend	joke	mystery	trick	adventure	newspaper
envelope	label	title	topic	information	copy	birth	origin
original	raw	bare	price	value	cost	company	sale
trade	cheap	expensive	attend	belong	mix	marry	nature
ocean	wave	coast	cave	mud	center	middle	bottom
somewhere	anywhere	nowhere	escape	hide	protect	maintain	protest
exist	breathe	survive	whenever	wherever	however	cent	centimeter
meter	kilometer	mile	ton	percent	indeed	exactly	quite
nearly	rather	surprise	wonder	relax	satisfy	cause	affect
react	god	heaven	sight	moment	thick	fat	thin
height	weight	central	ahead	further	former	latter	previous
following	treat	recognize	appreciate	accept	allow	race	match
quarrel	enemy	nation	state	law	policy	police	civilization
system	pleasant	comfortable	smart	smart	handsome	polite	excellent
ideal	fit	proper	helpful	worth	elder	senior	junior
past	modern	latest	creature	brain	tail	stare	pronounce
scream	heat	fire	power	organize	establish	operate	master
reflect	count	mend	repair	upstairs	downtown	frame	edge
surface	gun	weapon	crime	poison	alarm	shock	thief
harm	steal	rob	crash	assure	explode	pollute	ruin
arrest	traffic	transportation	avenue	path	license	signal	fuel
baggage	used	patient	shy	blind	funny	serious	ability
capacity	quality	technique	confidence	advise	suggest	recommend	reply
describe	announce	insist	publish	association	committee	independence	duty
powerful	capable	clever	wealthy	positive	efficient	suitable	essential

では、単語の効率的な覚え方を説明しましょう。IGSでは清水章弘氏著『中学生からの勉強のやり方』（ディスカヴァー・トゥエンティワン、2013年）で述べられている学習法を参照して、2-1-1法という単語の覚え方を取り入れています。本書では紙面の都合上、200語

をまとめて掲載していますが、単語を覚える際には、この 200 語をノートに写して左側にチェックボックス（□）を記入して活用してください。

■ タイマーを利用し集中する！

1日目：

200 語すべての英単語を読んで、瞬時に意味がひらめかないものがあれば、□の中に線を引きます（⧅）。

2～5日目：

1日に覚える単語数を 50 に設定し、⧅をつけたものから 50 個を選び、それを 10 個ずつ５つの組に分けます。

①タイマーを用意します。

②まず、最初の 10 個の組（１組）の意味を２分間記憶します。

③続いて、その 10 個を１分間、問題を解くように見直し、英単語を見ただけで意味が頭に浮かぶか試してみます。

④次の組（２組）の 10 個の意味を２分間記憶します。

⑤その 10 個を１分間、問題を解くように見直し、英単語を見ただけで意味が頭に浮かぶか試してみます。

⑥最初の１組の 10 個の単語を覚えているか、１分間で試します。

⑦次の組（３組）の 10 個の意味を２分間記憶します。

⑧その 10 個を１分間、問題を解くように見直し、英単語を見ただけで意味が頭に浮かぶか試してみます。

⑨２組の 10 個の単語を覚えているか、１分間で試します。この２分 →１分 →１分 →２分 →１分 →１分を繰り返し行います。

⑩これを 200 語から成る各レベルですべて行います。

※１日に 50 個×４日で 200 語覚えることになります。

6日目：

⧅ がついている英単語を見直し、さらに間違えればもう１つ線を引き（☒）、できるようになっていれば○をつけます（⦻）。

7日目：

線が２個引いてあるもの（☒）を覚えているか確認し、まだ覚えていなければさらに線を引き（☒◱）、覚えていれば○をつけます（⦻）。

毎日共通：

夜寝る30分前に、□に印がついている単語の意味を再度確認しましょう。この際、線が多く引かれているものから優先するようにしてください。

このサイクルを繰り返します。そして、１カ月が経った時、再度印がついているものを見直し、全体で間違いが200個中10個程度になるまで繰り返します。英語の基礎中の基礎である単語を徹底して覚えてください。これが英語学習の王道です。

3 中学レベルの文法を完璧に！

TOEFL iBTでは直接的に文法知識は問われませんが、高得点をとるためには中学校で学ぶ文法を完璧にしておく必要があります。将来専門的な勉強を英語で行う際には、日本の高校で学ぶ高いレベルの文法知識も必要になりますが、大学に入る前段階では中学校レベルの文法を完璧にしておけば問題ありません。

一方、TOEFL Juniorは、TOEFL iBTの準備レベルのテストなので、前述のとおり、文法問題があります。TOEFL Juniorの問題を通じて文法知識を完璧にしておけば、TOEFL iBTで必要とされる文法はカバーしていると言えるでしょう。本書は文法の対策本ではありませんので、すべての文法をカバーすることはできませんが、最も重要なTOEFL Junior頻出の基本文法はきちんと提示しますので、それをしっかりと理解しておきましょう。

■英語の文章構造を理解せよ！

英語の文章構造と日本語の文章構造は異なります。当たり前だと思われるかもしれませんが、これは非常に重要なことです。日本語を話す人は、日本語の文章構造を意識しないで話しており、その意識で英語の文章を読んでも意味がわからないのです。ここで必要になってくるのは、英語の文章を読む時に、英語の文章構造を頭に描きながら読む癖を徹底してつけることです。

TOEFL Junior でも、まずは文章構造を理解しているか、そして、それを使えるかという点が評価されます。

■文の基本形は、『主語＋述語（動詞）』

基本的には、英語の文章には主語と述語（動詞）があります。主語は省略されることもありますが、動詞がない文章は基本的になく、動詞は文章の中で最も大切な働きをします。TOEFL Junior でも、主語と述語（動詞）が正しく入っているかを選ぶ問題がよく出ます。こうした問題では、まず、文における主語と述語（動詞）が何かを考えます。接続詞が利用されている局面で主語の一致がなされているか、間違った前置詞で始まる主語が使われていないかなど、パターンがいくつかあります。ただ、本書の趣旨からこうしたパターンには触れず、別書にゆずります。

下記の問題を解いてみましょう。

Located in Asia, ［(A) Mt. Fuji is / (B) Mt. Fuji being / (C) though Mt. Fuji is / (D) but Mt. Fuji is］ a very high mountain.

(A) Mt. Fuji is
(B) Mt. Fuji being
(C) though Mt. Fuji is
(D) but Mt. Fuji is

(A) 主語と述語が一致しているので、これが正解。(B) 述語(動詞) がないので、不適切。(C) 過去分詞 (located) は節ではないので、節と節をつなぐ though は不要。(D) 過去分詞は節ではないので、節と節をつなぐ but は不要。

■多くのことを表す動詞に注目

文章構造を理解した後は、動詞の形です。動詞の形によって、いつの話なのか、過去か、現在か、未来か、主語の人などが「行った (能動態)」のか、主語の人・物などが「行われた (受動態)」のか、などを表すことができます。

下記の問題を解いてみましょう。

When Tom went to the park, he

(A) heard
(B) will be hearing
(C) hearing
(D) was heard

children's scream.

(A) Tom が公園に行ったのと子供の叫び声を聞いたのは同じ時点なので、過去形となっているこれが正解。(B) 前の節が過去で、その時点で起こったことを示しているので過去形でないといけない。(C) 述語 (動詞) が必要なので、不適切。(D) 動作の行為者は Tom なので、受動態ではなく、能動態になるはず。

■補足的に説明するのが修飾語 (句・節)

英語では、大切なことを言った後に、それをより細かく説明していく手法が使われます。例えば、「その犬」と言った後で、「茶色く、かわいくて、隣の人が飼っていた」のように修飾します。関係代名詞の役割も、前に説明した語句をより細かく説明することです。この修飾語（句・節）が正しい形になっているか注意しましょう。

下記の問題を解いてみましょう。

The audience [(A) attending the conference / (B) attended the conference / (C) attends the conference / (D) the conference attended] sang a song together.

(A) attending the conference
(B) attended the conference
(C) attends the conference
(D) the conference attended

(A) audience（聴衆）と conference（会議）の関係が適切なので、これが正解。(B) audience が conference に参加していたのだから現在分詞にする必要がある。(C) 後ろに述語（動詞）がすでにあるので、修飾語にする必要がある。(D) conference 自体が参加することはあり得ないし、the conference attended が audience を修飾するのは文脈上もおかしい。

■比較は大切

比較では、比べるものが並列関係にあるか（彼女の犬と彼の犬は並列であるが、彼女の犬と犬をつれた彼は並列ではない）、比較級、最上級の利用法に間違いがないかの見極めが、頻出です。

下記の問題を解いてみましょう。

The paintings he made are better [(A) than she paints / (B) as her paintings / (C) than those she made / (D) those she made].

(A) than she paints
(B) as her paintings
(C) than those she made
(D) those she made

(A) 比較では、文法的な形を整え、一致を重視しないといけない。The paintings he made（彼が描いた絵）と she paints（彼女が描く）が比較されているが、これらは並列関係にはないので不適切。**(B)** 比較級 better と対になるのは as でなく than。**(C)** 比較されているものの形などが一致しているのでこれが正解。**(D)** 比較級なのに than でつながれていない。

■文法と意味両方から単語を選ぶ

すべての単語は、文脈の中で意味をもちます。和訳すると同じ意味に感じられる英単語もありますが、英語の文章の中で理解するようにしましょう。

下記の問題を解いてみましょう。

You can't assume that continental plates [(A) never / (B) ever / (C) quite / (D) very] change.

大陸プレートは変化するものなので、**(B)** ever、**(C)** quite、**(D)** very は的確ではない。したがって、**(A)** never が正解。

文法に関しては、自分が理解しやすい中学レベルの文法書を徹底的に行うだけで十分です。高校生であれば中学時代に学んだものを、中学生で先取りをしたいのであれば中学文法書などをひも解いて一通り理解しておきましょう。また、語彙問題は、語彙力を高めていき、多くの文章を読む中で身につけていくことができます。

■英語の文章構造〜日本語とは本質的に異なる

文法部分の最後に、英語の文章構造を説明しておきます。これは、スピーキングやライティングの部分でも詳しくお話ししますが、リーディングやリスニングの理解においても重要になります。

日本語との比較で考えていきましょう。日本語の文章は必ずしも型にはまらず、最後まで読まないと結論がわからないことも多くあります。また、同じ文化的背景を持ち、暗黙知を多く共有する日本人同士は、多くを書きすぎずシンプルに書くことをよしとします。短歌などがよい例です。これは、私たち日本人同士では美しいものとして評価できる一方、かなり気をつけないと、他文化の人にとってはわかりにくいものになってしまいます。

日本語のイメージ

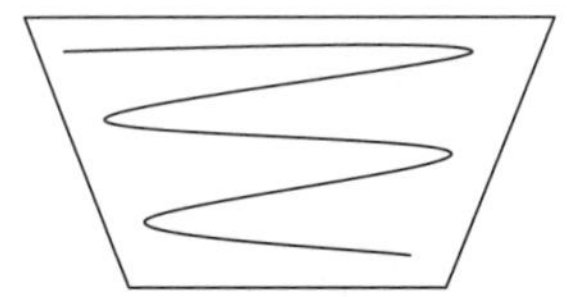

〜いきなり結論にいかず、暗示しながら結論に向かっていく〜

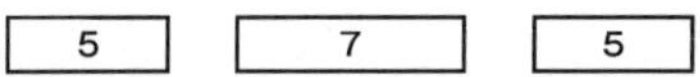

〜短歌は、短い中に多くの含意を入れ、五感を使い理解する〜

その一方、英語が多くの文化で取り入れられているのには理由があります。もともと、多文化が共存する中で育ってきたものなので、どの暗黙知も前提とせず、すべてを明確な構造の中で説明しようとするのです。

英文の構造

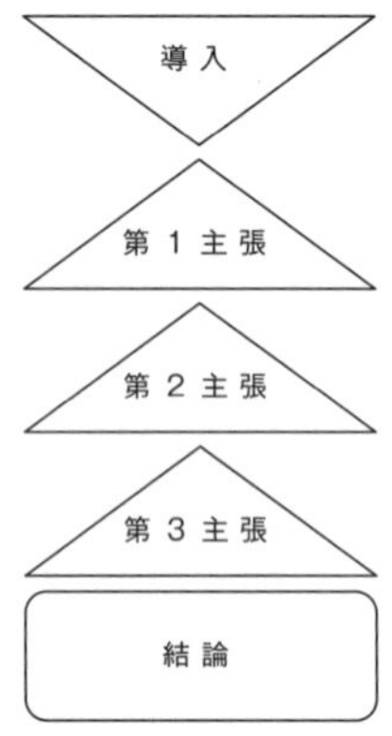

導入部分は、文章全体への問題提起です。形が逆三角形になっているのは、だんだん文章全体の核心に迫り、最後に全体に関しての問題提起を行っているからです。

主張部分は、問題提起に対する答えを最初の１文で行い（段落の要点をまとめた文のことで、トピック・センテンスと呼びます）、それを例などで補足し、より詳しく説明していくのです。例を入れるのは、文化圏が違う人にも具体的に理解してもらうためです。

最後の結論は、導入部分での問題提起に対して主張部分のトピック・センテンスで書いたことをまとめている部分です。

この英文の構造を理解していれば、注目する部分に強弱をつけて英文を速読することができるのです。具体的には、導入の最後の１文、各主張の最初の１文、結論全体を読むことがカギになります。

第4章

TOEFL® 対策に有効なIGSリーディング勉強法

1 文章そのものを和訳しない！

まず、TOEFL のリーディングセクションの対策をするにあたって、最も重要なことをお話しします。

それは**和訳をせず、英語を英語のまま理解すること**です。少し英語の勉強を始めれば、英語の文法が、日本語の文法とは異なることを理解できると思います。文単位だけでなく、文章全体の構成もまったく異なります。こうした異なる体系の言語を相互に行き来するのは非常に難しいため、日本語を介することなく、英語を英語のまま理解できるようになることが大切なのです。単語の意味を理解できる同じようなレベルの文または文章を繰り返し読み・聞きする練習をすることで、知らぬ間に英語を英語として理解することができる、英語脳ができてきます。Z会の「速読速聴・英単語」シリーズ（『速読速聴・英単語 Core 1900 ver.4』など）は、こうした英語を英語のままとらえる訓練に最適です。

■ 4技能の関係図を常に頭に描け！

英語脳になるための訓練では、常に語彙力、リーディング、リスニング、スピーキング、ライティングの５つの技能の相互関係を意識することが大切。具体的に図で示すと下記のようになります。

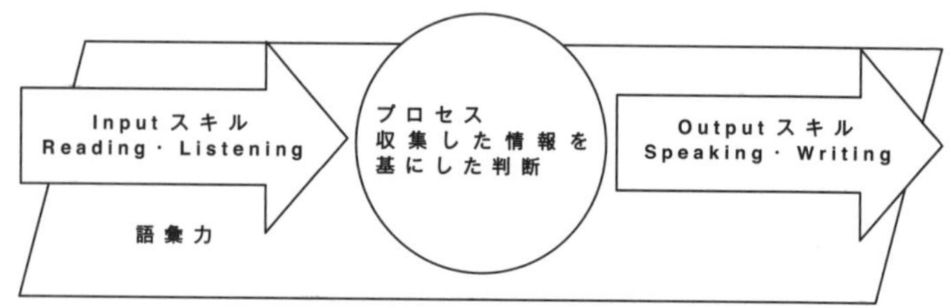

では、TOEFL 対策において有効なリーディングの勉強法について説明していきましょう。

 単語力水準に応じたインプット・スキル訓練を行う

初級レベルの単語を覚えたらそのレベルのリーディングの問題演習に取り組みましょう。IGS では、70 段階にレベルを分け、単語と文法を学び、その範囲でリーディングの問題演習を行います。そのレベルの単語は覚えているはずなので、問題が解けない場合には、文法または文構造が理解できていないと考えられます。理解が不十分な部分については、文法書などを利用して復習していきましょう。以下の英文は、IGS の授業で利用しているレベル 1 の基礎的な単語 200 語と初級文法に対応したものです。

> Many people say that they will do a thing they don't want to do.
> They just say yes, they do not think when they say it.
> Then they just do what they want, not what they have to do.
> Other people have to do it for them.
> Always think before you say yes!
>
> What do many people say?
> (A) They do what they want.
> (B) They do not think when they say it.
> (C) They will do a thing they don't want to.

リーディングの問題をどのように解くかは後で詳しく述べますが、その方法にそってこの問題を解いてみますので、予習だと思って読んでください。

> 多くの人は言う / 自分のやりたくないことをやると。//
> 彼らは、はいと言うだけ / 言う時に考えないのである。//
> そして彼らは自分のやりたいことだけをやる / やらなければいけないことではなく。//

他の人が彼らのためにやらなければならない。//
いつも考えよう / できると言う前に! //
多くの人は何と言いますか?
(A) やりたいことをやる。
(B) 言う時に考えない。
(C) やりたくないことをやる。

それでは、順を追って問題を解いてみましょう。

①前から読み理解をするスラッシュリーディングをしながら英文を読んでいきます。

②続いて、問題文を読み、問題のパターンを瞬時に見極めます。すると慣れてくると、「文章中で直接的に言及されている詳細を問う」ものであることがわかります。

③この問題のパターンの場合は、問題文で問われている内容が英文のどこかで書いてあるので、問題文を拾い読みます。すると、第1文に「多くの人は言う」とあるので、その後に書かれている「何を?」の部分が解答だとわかります。つまり、答えは (C) ですね。こうした要領で解いていきましょう。

■英語を英語のまま理解する

ここから、英語を英語のままで理解するために必要なプロセスを、中級レベルの以下の英文を使って、順を追って説明していきます。これはリーディングだけでなく、リスニングの基礎にもなるので、徹底的に行ってください。

For a country to be active on the world stage, and for it to be able to protect the sovereignty of its lands and people, there are a number of organizations it must maintain. The first of these is of course a strong military, with at least a comprehensive defensive capability. This is a very visible form of national protection. There are, however, two more vital organizations. These consist of the people tasked with gaining intelligence from other, nominally unfriendly, countries and those whose responsibility is preventing any leaks of strategically important information. Collectively they are known as the intelligence services, or more commonly, as spies.

Step 1：スキミング～キーワードを見つけろ

文章をパッと見て、大切な単語を見つける訓練です。基本的には、and、it、the、of、a といった単語ではなく、「いくつかの関連した単語群」であるビッグワードや「文章全体の流れをひっくり返す接続詞（= But、However など）」に気をつけながら、全体を俯瞰して見ます。関連した単語群を見つけるためには、周辺知識が必要です。TOEFL では日本の学生には馴染みのない、米国の学生生活や学術的な英文を読み聞きするため、教養知識を学んでおくことが必要になります。特に中高生の場合、こういった周辺部分の背景知識があるほうが正解率が高まります。

今回の文章であれば、organization、intelligence、important information、the intelligence services を意識することが大切です。キーワードを見つけた後は、その言葉の周辺知識を利用し、どのような話かを類推します。例えば、intelligence には「知能、知性」といった意味もありますが、今回の文章には organization や important information があることから、「国に関する重要な情報を扱う組織」に関することだと類推できればよいでしょう。

スキミングとは、パッと文章全体を見た時に次のように見えることを指します。慣れるまではなかなかできませんが、あきらめずに続けていきましょう。

For a country to be active on the world stage, and for it to be able to protect the sovereignty of its lands and people, there are

a number of organizations it must maintain. The first of these is of course a strong military, with at least a comprehensive defensive capability. This is a very visible form of national protection. There are, however, two more vital organizations. These consist of the people tasked with gaining **intelligence** from other, nominally unfriendly, countries and those whose responsibility is preventing any leaks of strategically **important information**. Collectively they are known as **the intelligence services**, or more commonly, as spies.

さて、**周辺知識を知っておくということは、各々のテストで出題される素材を知る必要がある**ということです。TOEFL Junior と TOEFL iBT で出題される内容には、共通するところがたくさんあります。それは、**幅広い教養知識と米国の学生生活全般**です。

TOEFL Junior で扱われる内容は小中学校での生活であり、教養知識も小中学生向けの理科や世界地理などの素材である一方、TOEFL iBT では大学の学部レベルで学ぶ自然科学や社会科学の知識が必要となります。東京大学やハーバード大学レベルのトップスクールを目指す学生であれば、中学校から積極的にこうした幅広い知識を身につけるとよいでしょう。何らかの「引き出し」を事前に作っておくことで、問題に取り組みやすくなります。英語の力がまだ高くない場合には、英文を読んだり聞いたりしただけですべてを理解することは難しいですが、教養知識を身につけると、一部の読み聞きできた情報をもとに全体を類推することができるようになります。また、聞いたり読んだりしながら、その先がどういった内容なのか、心の準備ができるようになり、より効率的にアクティブリーディングを行うことができます。さらに、将来世界で活躍する際に、こうした知識が会話や食事の場で思わぬ形で役に立ちます。

ただ、教養知識を学ばないと問題が解けないということはありません。TOEFLの問題は英語力が高くなればすべての問題に答えられるように作られています。ですので、すべての分野を網羅することにこだわりすぎる必要はありません。さまざまなことに興味を持ち、英語ではそれはどのように説明されるのだろうという好奇心が大切です。楽しみながら勉強しましょう！

次にリーディング問題に頻出するテーマである自然科学と社会科学の素材の例にして、どのようなノートを作成すればよいのか、ポイントを挙げておきます。このほかにも教養全般に関し、内容と重要単語を書いたノートを作成すると効果的です。

●自然科学（最も頻出）

自然科学の中でも植物学は非常によく出る分野です。例えば、下記のような内容がしっかり頭に入っていると、こうした問題で関係する単語が出てきた時に、内容をきちんと理解できます。

「陸上の高等植物（higher plant）の表皮（epidermis / cuticle）には気孔（stoma）と呼ばれるガス交換を営む装置がある。気孔は、若い茎（stalk / stem）や葉（foil / leaf）などにあるが、特に葉の裏面に多い。植物は気孔の開閉によって光合成（photosynthesis）や呼吸による酸素･二酸化炭素の出し入れ、さらに蒸散（transpiration）に伴う水蒸気（water vapor）の放出などを行う。蒸散とは､根（root）から植物体内に吸収された水が、水蒸気として空気中に排出される現象を指す。」

●社会科学

社会科学の分野では歴史が出題されることが多く、経済学史の問題はよく出題されます。米国の高校では経済学を学んでいる学生も多く、こうした話題に慣れているのです。

「経済学（economics）は、Adam Smithにより18世紀資本主義（Capitalism）が華やかな英国で生まれた。財（goods）やサービス（service）の生産者（producer）による生産（production）、消費者（consumer）による消費（consumption）、経済政策（economic policy）を通じた分配（distribution）を分析し、経済の背景に潜む理論（economic law）を解き明かす役割が期待された。特に、価格（price）がどのように決定されるのかを、需要（demand）と供給（supply）が市場（market）で均衡（equilibrium）することによると考えたところが当初の大きな成果だった。」

Step 2：スラッシュリーディング～前から読み、後ろから前に戻らない！

Step 1のスキミングを終えたら、『速読速聴・英単語 Core 1900 ver.4』でもお馴染みのスラッシュを入れた練習を行います。TOEFL iBT はコンピュータで行うテストなのでテスト中は問題文を読みながら下線を引いたりすることができませんが、意味のまとまりに「／（スラッシュ）」を入れて、頭から英語の語順のまま理解していく訓練をしましょう。

■スラッシュリーディングでは文章構造理解を！

For a country / to be active on the world stage, / and for it / to be able to protect the sovereignty of its lands and people, / there are a number of organizations / it must maintain. // The first of these is of course a strong military, / with at least a comprehensive defensive capability. // This is a very visible form of national protection. // There are, however, two more vital organizations. // These consist of the people tasked with gaining intelligence from other, nominally unfriendly, countries / and those whose responsibility is preventing any leaks of strategically important information. // Collectively they are known as the intelligence services, or more commonly, as spies. //

スラッシュリーディングのトレーニングでは、単語の意味だけでなく、文章構造を理解していくことが大切です。この文章では、

- For a country
  - to be active on the world stage
  - to be able to protect the sovereignty of its lands and people
- There are a number of organizations
- Examples:
  - A strong military
    - very visible form of national protection
  - Two more vital organization
    - the people tasked with gaining intelligence from other countries
    - those whose responsibility is preventing any leaks of important information
      - collectively intelligence services

という構造になっています。頭に常に、文法部分で見たように英文全体構造を入れることを描くことが大切です。

なぜ、構造を把握することが大切なのでしょうか？ TOEFLは米国の大学に進学しても困らないための英語力を判断するためのテストなので、リーディングセクションで出題される講義の英文は学術的なものばかりです。こうした学術的な文章は、文法部分で見たようなしっかりとした木構造を持つことが特徴なので、この構造を意識する訓練が大切なのです。リーディングのスキルとしてしっかりと文章の構造を理解できるようになると、ライティングセクションで英文を書く際に、構造を意識しながらまとまりのある文章を書けるようになるのです。つまり、リーディングセクションの勉強をしていると同時に、ライティングセクションの勉強も行っているわけです。

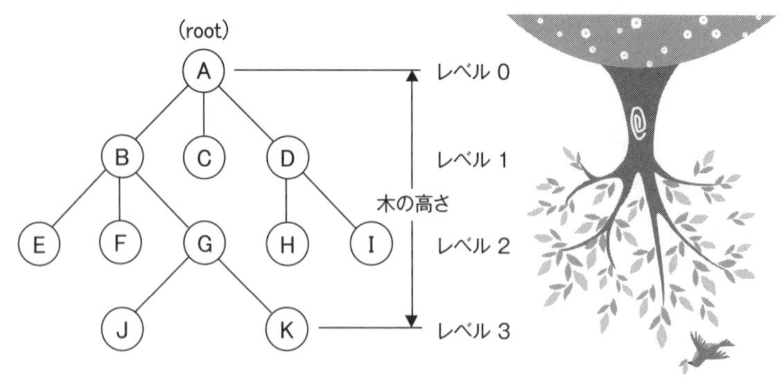

Step 3：精読～単語、文法に気をつけて徹底的に細かく読む

単語を覚えて、その範囲内の文章を読んでいれば、単語はすべて知っているはずですが、わからないものがあれば、単語リストに×をつけましょう。その後、前から前から読んで理解できないところをチェックし、文法知識がないために理解できないのか、文脈が読み取れていないために理解できないのかも含めて、しっかりと読み込みましょう。スラッシュリーディングのやり方にはまだ慣れていないかもしれませんが、単語や文法などを確認しながら細かく読み込みということは、普段の英語学習でも行っていることなので、問題なくできると思います。

なお、今回の英文の訳は以下のようになります。だんだん頭から英語を理解できるようになると、スラッシュの入れる位置が変わってくると思いますので、目安として参考にしてください。

> 国が / 世界の舞台で存在感を示し、/ そして / 国の土地と人々の主権を守るために、/ 数々の組織があり / 国が保たなければならない。// 最初にくるのはもちろん強い軍隊である、/ 少なくとも包括的な防御力をもつ。// これは非常に目に見える国家保護の形だ。// しかしながら、他にも2つ大切な組織がある。// 他の友好的でない国から情報を獲得するよう命じられた人々のこ

と / そして戦略的に重要な情報が漏れることを防ぐ責任がある人々である。// 総称的に彼らは諜報機関や、もっと一般的にいうとスパイとして知られている。//

ここまでが、TOEFLのリーディングセクションで高得点をとるために必要なスキルで、日々の練習のための説明です。

3 TOEFLのリーディングセクションの設問パターン

TOEFLの1つの特徴は、**リーディングセクションで問われる内容が毎回ほぼ同じであることです。** そして、この設問のパターンはTOEFL Junior と TOEFL iBT で共通しています。パターンが共通しているのには理由があります。それは、言語を問わずアクティブにリーディングを行う時に必要な知識だからです。小学校や中学校の国語の授業で必要とされていることを、この英語のテストでも試されていると考えるとよいでしょう。

TOEFL Junior のリーディングセクションでは、1）学術的な説明文や伝記文小説などが3～4題出題され、それぞれに5～11の設問があるものと、2）学校生活に関する手紙、記事、告知、日記などが2～3題出題され、それぞれに4～7の設問があるものの、大きく2種類に分けることができます。

TOEFL iBT のリーディングセクションでは、3～4題の学術的な文章が出題されます。それぞれ700語程度の長さで、時系列的な説明文や問題設定とその解決方法が述べられたもの、そして主張を述べている文などがあります。それぞれの英文に対して、下記で説明するパターンから12～14問が出題されます。なお、スピーキングセクションやライティングセクションでは、英文を読んでから話したり書いたりする統合型の問題がありますが、その際の英文は学術的な英文ばかりではなく、掲示物や告知物など、学校生活に関する英文も出題されます。

それでは、どのような出題パターンがあるのか見ていきましょう。

■主題を問う問題

どのような文章でも、主題がなければ始まりません。言い換えれば、文章はある意図をもって書かれていて、その意図を探る必要があるのです。TOEFL Junior では全42問中3～5問が、TOEFL iBT では各大問の2～3問が主題を問う問題になっています。問題指示文の形もほぼ同じなので、覚えておきましょう。

TOEFL Junior・TOEFL iBT 共通

- What is this X mostly about?
- What would be the best title for X?
- What title best summarized the main idea of X?
- Which headline best summarizes X?

例題

The Tokyo Tower is a famous tower in Tokyo. The tower is taller than the Eiffel Tower, but shorter than the Skytree tower. The tower has a red color, but gray clouds often surround it. Many tourists come to take pictures of the tower.

What is this text mostly about?

(A) Tourists

(B) Color

(C) Pictures

(D) A famous tower

TOEFL iBT

TOEFL iBTでは、さらに次のどちらかの全体把握問題が出題されます。

1）要点把握問題（Prose Summary Questions：文章の内容を適切に要約している文を３つ選ぶ問題）

●An introductory sentence for a brief summary of the passage is provided below. Complete the summary by selecting the THREE answer choices that express the most important ideas in the passage. Some sentences do not belong in the summary because they express ideas that are not presented in the passage or are minor ideas in the passage.

This passage discusses X.

●

●

●

1. >>>>	4. >>>>
2. >>>>	5. >>>>
3. >>>>	6. >>>>

※この例では、6つの選択肢から正しいものを３つ選びます。

2）要点分類問題（Fill in a Table Questions：文章の要約をカテゴリー別に分類する問題）

●Complete the table below to summarize information about the two types of X discussed in the passage. Match the appropriate statements to the types of X with which they are associated.

TYPES OF X	STATEMENTS
X1	● ● ●
X2	● ●

1. >>>>　　2. >>>>

3. >>>>　　4. >>>>

5. >>>>　　6. >>>>

7. >>>>

※この例では、7つの選択肢からX1に当てはまるものを3つ、X2に当てはまるものを2選びます。

■内容（不）一致問題

文章に書かれていることをそのまま理解できているか問う問題です。英語を読む基本的な力そのものを問うこのタイプの問題は、どちらのリーディングセクションにおいても最も多く出題される問題です。TOEFL Junior では全42問中8～20問、TOEFL iBT では各大問で4～10問程度出題されます。

このタイプの問題では、内容と一致している情報を問うものと、内容と一致しない情報を問うものがあり、TOEFL iBT では、述べられている内容を最もよくまとめている文を選ぶ問題が出題される場合があります。

TOEFL Junior

1）内容一致問題

● Why does/did X do Y?

● Which of the following is true regarding X?

● What does the author say about X?

● Paragraph X supports which of the following statements?

2）内容不一致問題

● Which of the following is NOT mentioned in the passage as X?

● Which X is NOT mentioned as Y?

● At the end of story, all of the following X EXCEPT ________.

例題

Kate wants to learn English / for several reasons. // First, / she is very social / and she wants to make more friends. // She lives in the United States / so she needs English to meet new people. // Second, she loves American movies / and she wants to watch them in English, / but she can't understand / what they are saying. // The characters speak very fast, / but she thinks that / if she studies hard / she can probably learn to understand everything they say. // Kate's last reason for learning English is / to do research on world history. // If she can read English books, / then she can get lots of information / and ideas about the whole world. //（注：実際の問題にはスラッシュは入っていません。）

Which of the following is NOT true about Kate?

(A) She loves American movies.

(B) She wants to study world history.

(C) She is very social.

(D) She can understand English movies.

スラッシュ訳

ケイトは英語を習いたい / いくつかの理由で。// 第一に、/ 彼女はとても社交的である / そして彼女はもっと多くの友だちを作りたい。// 彼女は、米国に住んでいる / だから彼女は新しい友だちと会うために英語を必要とする。 // 第二に、彼女は米国の映画が大好きである / そして彼女はそれらを英語で観たい、/ しかし、彼女は理解をするこ

とができない / 彼らが何と話しているのか。// 登場人物がとても速く話す、/ しかし彼女は考える / たくさん勉強をすれば / 彼女は彼らが言っていることすべてを理解することができるようになると。// ケイトの英語を習う最後の理由は / 世界史の研究をすることである。// 彼女は英語の本が読めれば、/ そしたら彼女はたくさんの情報を得られる / 世界全体についての考えを。//

ケイトについて当てはまらないものは次のうちどれか。

(A) 彼女は米国の映画が大好きだ。

(B) 彼女は世界史を勉強したい。

(C) 彼女はとても社交的だ。

(D) 彼女は英語の映画を理解することができる。

(A)：不正解

→2つ目の理由として、she loves American movies とあるためケイトについての正しい描写。

(B)：不正解

→3つ目の理由として、to do research on world history とある。これもケイトについての正しい描写。

(C)：不正解

→最初に、she is very social とあるので、ケイトの正しい描写。

(D)：正解

→中盤に、米国の映画が好きだが、she can't understand what they are saying とあるので、これはケイトについての描写として正しくない。

TOEFL iBT

1）内容一致問題

● According to the paragraph, which of the following is true of X?

● The author's description of X mentions which of the following?

- According to the paragraph, X occurred because ...
- According to the paragraph, X did Y because ...
- According to the paragraph, why did X do Y?
- The author's description of X mentions which of the following?

2）内容不一致問題

- According to the passage, which of the following is NOT true of X?
- The author's description of X mentions all of the following EXCEPT

3）文の書き換え問題（Sentence Simplification Questions：ハイライトされた文を簡単化している文を選ぶ）

- Which of the following best expresses the essential information in the highlighted sentence? Incorrect answer choices change the meaning in important ways or leave out essential information.

■文章に書かれている情報をもとに推論させる問題

ジグゾーパズルをイメージしてください。そこで、ほとんどのピースが入っているものの、最後の１ピースが足りない状況を思い浮かべてください。その最後のピースが何かを問うのがこのタイプの問題です。TOEFL の問題では、書いてある情報に対して、他の情報や知識を知らないと解答できないような推論問題は出されません。あくまでも、書いてある情報から当たり前のように、つまりは最後の１ピースを埋めるがごとくの問題しか出されないのです。TOEFL Junior では全 42 問中２～７問、TOEFL iBT では、各大問で１～４問出題されます。また、TOEFL iBT では、推論をする基礎となるセンテンス間やパラグラフ間の関係を解く問題や、あるセンテンスをどこに入れるべきか、パラグラフ間やセンテンス間の論理関係を問う問題が大問に各1問ずつ出されます。

TOEFL Junior

- What does the author imply about X?
- Based on the passage, what is probably true about X?
- Which of the following can be inferred from the passage about X?
- What is the purpose of X?

例題

Lawyer

Everyone has a clear image of a lawyer. // He wears a nice suit / and carries a case. // When there is a crime / and nobody knows who is responsible, / he comes to the trial / to find the answer. // He presents evidence, / asks questions, / and speaks with great feeling. // He uses his mind and words / to prove what is true and what is a lie. // This is the first kind of lawyer / that most people think of, / but in the real world / there are various kinds of lawyers / with very different jobs. //

In general, / a lawyer is a person / with great knowledge of the law, / which is the group of rules in every government and society. // These rules are not always simple and clear, / so a society needs people who understand them. // What is legal, / and what is illegal? // They must know not only the history of the law / but also any new changes. // Good lawyers must have many skills. // They must each have a good memory / so they can remember many different rules and laws. // They must also be careful / when they read and pay attention to every word. //

Most lawyers focus / on one kind of law, / which is their

specialty. // For example, / one lawyer might work for a bank. // He or she / needs to be an expert on banking law. // Another lawyer / might work for a computer company. // That lawyer needs to know about laws about technology. // None of these jobs are as interesting as the trial lawyer's, / but they are all important parts of the legal profession. //

（注：実際の問題にはスラッシュは入っていません。）

What is the main purpose of paragraph 1?

(A) To present a new image of the lawyer that most people don't know

(B) To explain the importance of good evidence

(C) To describe what all lawyers do

(D) To present an image of the lawyer that most people already know

スラッシュ訳

弁護士

誰もが弁護士の鮮明なイメージを持っている。// 彼はよいスーツを着ている / そして鞄を持ち運んでいる。// 犯罪が起きて / 誰も誰が犯人かわからない時に、/ 彼は裁判に来る / 答えを探しに。// 彼は証拠を提示する、/ 質問をする、/ そして自信をもって語りかける。// 彼は頭と言葉を使う / 何が本当で何が嘘かを証明するために。// これは最初のタイプの弁護士である / 多くの人々が思い描く、/ しかし現実世界では / 多くのタイプの弁護士がいる / さまざまな仕事がある。//

一般に、/ 弁護士は人である / 法律に関する豊富な知識を持って、/ それは政府と社会についてのさまざまな規則である。// これらの規則は必ずしも単純で鮮明ではない、/ なので社会はルールを理解する人々が必要。// 何が法律的に正しく / 何が違法なのか。 // 彼らは法律の歴史を知るだけではなく / いかなる新しい変更も知らないといけない。// 優秀な弁護士は多くのスキルを持っていなければならない。// 彼らはよい記憶力がなければならない / 多くの異なる規則や法律を覚えるために。// さらに彼らは注意深くないといけない / 読み1つ1つの言葉に注意を向ける時に。//

多くの弁護士は集中する / ある1つの種類の法律に、/ それが彼らの専門になる。// 例えば、/ ある弁護士は銀行のために働くかもしれない。// 彼もしくは彼女は / 銀行法について専門家にならなければならない。// 別の弁護士は / コンピュータ会社で働くかもしれない。// その弁護士は技術に関する法律について知る必要がある。// これらの仕事は裁判の弁護士ほどおもしろくはない。// しかし彼らはみんな法曹の大切な一部である。//

第1段落の主な目的は何か。

(A) 多くの人が知らない新しい弁護士のイメージを与えること

(B) よい証拠の大切さを説明すること

(C) すべての弁護士がどのような仕事をするか説明すること

(D) 多くの人がすでに知っている弁護士のイメージを提示すること

(A)：不正解

→第1段落では、裁判の弁護士についての説明の後、This is the first kind of lawyer that most people think of, but in the real world there are various kinds of lawyers with very different jobs. と書いてあるが、弁護士の新しいイメージがどういうものなのかは、この段落では述べられていない。

(B)：不正解

→第1段落では、弁護士について He presents evidence, asks questions, and speaks with great feeling. He uses his mind and words to prove what is true and what is a lie. と述べられ

ているが、よい証拠についての言及はない。

(C)：不正解

→第１段落には、there are various kinds of lawyers with very different jobs と述べられているが、さまざまな弁護士の仕事についての説明はない。

(D)：正解

→第１段落最終文で、This is the first kind of lawyer that most people think of とあるので、これが正解。

TOEFL iBT

1）類推問題（Inference Questions：直接的な推論問題）

- Which of the following can be inferred about X?
- The author of the passage implies that X ...
- Which of the following can be inferred from paragraph 1 about X?

次の２つの問題のパターンを解くためには、頭の中で文章の論理展開を常に描いておく必要があります。第３章で述べた英文構造をしっかりと理解しておきましょう。

2）修辞意図問題（Rhetorical Purpose Questions：文章と文章、あるいはパラグラフ間の関係を答える問題）

- The author discusses X in paragraph 2 in order to ...
- Why does the author mention X?
- The author uses X as an example of ...

3）単文挿入問題（Insert Text Questions：単文を文章の中に入れる問題）

文章全体を理解しているかが問われている問題なので、文章の論理構成と文章間のつながりを理解している必要があります。つながりを示す語句（On the other hand、Further、Similarly、For example、Therefore、In contrast、On the contrary、In other words、Finally、As a result）に目を向け、論理構造を考えます。

● Look at the four squares [■] that indicate where the following sentence could be added to the passage.
 [SENTENCE]
 Where would the sentence best fit?

■語彙問題

単語やフレーズの意味を、文脈の中で推測する問題です。TOEFL Junior では、単語のだいたいの意味がわかれば正解になりますが、TOEFL iBT ではほとんど同じ意味の語群から文脈により合う単語を選ぶ必要があるので少し難しくなっています。ただ、第３章で示したような方法で単語をしっかり学んでいて、リーディング力がついてくれば決して難しくなく、確実に点数がとれる問題です。TOEFL Junior では全42問中６～12問、TOEFL iBT では各大問ごとに１～４問程度出題されます。

TOEFL Junior

● In line X, the word Y is closest in meaning to ________.

● What does the author point out by writing about ________?

TOEFL iBT

● The word X in the passage is closest in meaning to

● In stating X, the author means that

■指示語問題

代名詞などが指している対象を示す問題です。国語のテストなどでもよくありますね。これを同じように英語で行うのです。朗報は、英語の場合には、代名詞が'人'であるか'もの'であるか、単数か複数か、などを日本語以上に明確に分けているので、答えを絞りやすいことが多いです。

TOEFL Junior

● In line X, the word Y refers to _________.

TOEFL iBT

● The word X in the passage refers to

以上が、リーディングセクションの出題パターンとその指示文の例になります。自分がどのタイプの出題に弱いか、意識しながら学習を進めてください。実際、このセクションの点数が同じ学生であっても、内容一致問題が得意な学生と推論問題が得意な学生に分かれる場合があります。内容一致問題が得意な学生は英語力は高いものの母語での国語能力が弱く、一方で推論問題に強い学生の母語の国語能力は高いものの英語の単語力や文法力が弱い場合がよくあります。

以下に、本番より英文の文字数や設問数は少ないものですが、TOEFL iBT の典型的な出題パターンを含んだ問題を3題掲載するので、分野ごとの自分の強さ・弱さを把握し、効率的に弱点を克服する勉強に役立ててください。

Ruminants

The human body cannot survive on salad alone: leaves and grass do not provide all the required vitamins and nutrients. Leafy vegetables like lettuce supply only a tiny amount of the energy, protein, and fat that all animal bodies need to function. The vegetables are not entirely to blame; the human stomach is simply not set up to collect all the nutrients they offer. A cow, on the other hand, can power a body many times larger than a human's on nothing but grass. The key is the structure of the cow's stomach and digestive system.

The process of turning raw foods into nutrients that the body can use is known as digestion. In a human, this happens in three stages: digestion before the stomach, in the stomach, and after the stomach. The first stage starts in the mouth, where the tongue and teeth soften food and mix it with saliva. The taste and smell of food at this point signals the stomach to release chemicals that will aid the digestive process. Food is carried to the stomach down a narrow tube made of smooth muscle tissue. Acids in the stomach kill any harmful bacteria, and help to break down proteins in the food. After several hours in the stomach, food passes into the intestines, where most important nutrients are separated from other materials and taken into the body. The final segment of the intestines takes in water; what remains at that point becomes solid waste.

Most plant materials, which are made of cellulose, simply pass through the human digestion. Ruminants, a kind of animal that includes cows, sheep, deer and other large plant-eating mammals, digest this material using a special process. The stomachs of all ruminants have four chambers. The first two chambers are connected, allowing foods and chemicals to flow between them. In these chambers the plant solids, primarily cellulose, are separated from the water held in the leaves and grass. These solid materials, called cud, are then returned up the throat and back into the mouth. Ruminants chew their cud continuously to further break down plant fibers and mix them with saliva. This is why animals like goats and cows often appear to have their cheeks full of food even if they are not eating.

■ Ruminants have evolved a number of other special characteristics that allow them to digest tough plant materials. ■ Ruminants also produce extraordinary amounts of saliva to aid the digestion of plants. ■ An adult cow produces over 100 liters of saliva a day to keep its mouth, throat, stomach, and intestines functioning properly. ■ Ruminant stomachs are filled with billions of bacteria and fungi, which break down cellulose into sugar and other compounds that the body can easily use.

Humans have recognized the unique digestive characteristics of ruminants for thousands of years. The Jewish Bible, which includes dietary rules maintained since ancient times, allows only members of the religion to eat meat from animals that chew their cud. This eliminates all pig products from the Jewish diet. The word "ruminate" has even gained an additional meaning: to think deeply about something. "Chewing the cud" can also refer to contemplation or thought, apparently because cows and goats appear to be thinking as they chew. In truth, they are just crushing plant fibers into a form that they can digest.

1. Why can the human body not survive on only leaves and grass?

(A) These foods do not contain any vitamins and nutrients.

(B) Most plants are dangerous to the human body in large amounts.

(C) The human body is too small to survive on plants alone.

(D) The human stomach is not designed to digest many plant

materials.

2. What is implied in paragraph 2 about the human stomach?
(A) It performs the final stage of digestion.
(B) It supplies the body with nutrients drawn from food.
(C) It makes it possible for the intestines to remove food nutrients.
(D) It represents the longest stage in the digestive process.

3. The word tube in paragraph 2 is closest in meaning to
(A) passage
(B) atmosphere
(C) stream
(D) breath

4. According to paragraph 3, why do ruminants chew their cud?
(A) To separate water from cellulose and other solid materials
(B) To prepare plant fibers for digestion
(C) To maintain the health and strength of their teeth
(D) To store food while the stomach is working

5. According to paragraph 3, which of the following is NOT true of ruminants?
(A) Material in their digestive system can flow in both directions.
(B) Their diets are based on plant foods.
(C) They are the only animals capable of digesting plant fibers.
(D) They can digest materials that the human body cannot.

6. The word chambers in paragraph 3 is closest in meaning to
(A) stages
(B) homes
(C) sections
(D) transfers

7. The word them in paragraph 3 refers to
(A) ruminants
(B) chambers
(C) foods
(D) chemicals

8. The word properly in paragraph 4 is closest in meaning to
(A) quickly
(B) attractively
(C) necessarily
(D) correctly

9. The author uses Jewish dietary limits in paragraph 5 to
(A) show that humans have understood ruminant digestion for a long time
(B) prove that meat from ruminants is more healthy than meat from other animals
(C) emphasize the importance of food in human religion and culture
(D) explain why the word “ruminate” means “to think deeply”

10. Look at the four squares [■] that indicate where the following sentence can be added to the passage.

First of all, their teeth never stop growing, allowing them to chew food constantly their entire lives.

Where would the sentence fit best?

1. 類推問題

人間の体が葉と草だけで生き延びることができないのはなぜか。

(A) これらの食べ物はビタミンや栄養を含まない。

(B) 多くの植物は大量に取り入れると人間の体によくない。

(C) 人間の体は植物だけで生き延びるのに小さすぎる。

(D) 人間の胃は大量の植物性のものを消化するようにはできていない。

正解：(D)

解説 第1段落全体を通して、人間の体は植物の栄養をすべて吸収できないことが述べられている。また、第1段落最終文 The key is the structure of the cow's stomach and digestive system. からも、人間は牛とは異なる胃や消化システムの構造となっていることがわかるので、(D) が正解。(A) the human stomach is simply not set up to collect all the nutrients they（= the vegetables）offer と述べられているように、ビタミンや栄養は含まれている。(B) the human stomach is simply not set up to collect all the nutrients they offer とは、人間の体は植物がもっているすべての栄養を吸収することができないということで、それが体に悪いということは述べられていない。(C) A cow ～ can power a body many times larger than a human's on nothing but grass. から、人間よりも体の大きい牛は草だけで動くことができることがわかるが、人間の体の大きさと植物だけで生き延びれるかについての言及はない。

2. 類推問題

第２段落では人間の胃について何が示唆されているか。

(A) 消化の最終段階を行う。

(B) 体に食べ物からの栄養を与える。

(C) 腸が食べ物の栄養を取り込むことを可能にする。

(D) 消化過程で最も長い段階を表す。

正解：(C)

解説 Acids in the stomach kill any harmful bacteria, and help to break down proteins in the food. After several hours in the stomach, food passes into the intestines, where most important nutrients are separated from other materials and taken into the body. の箇所を含めて、第２段落全体から腸で栄養を取り込めるように胃が働いていると類推できるので、(C) が正解。(A) In a human, this（= digestion）happens in three stages: digestion before the stomach, in the stomach, and after the stomach. とあるように、消化の最終段階は胃の次のプロセスで行われる。(B) food passes into the intestines, where most important nutrients are separated from other materials and taken into the body と書いてあるように、腸が体に栄養を与える役割を果たしている。(D) 消化のために食べ物が胃に何時間かあると述べられているが、それが消化の過程で最も長い段階だとは述べられていない。

3. 語彙問題

第２段落の tube という単語に最も近い意味はどれか。

(A) 通路　　(B) 雰囲気　　(C) 流れ　　(D) 息

正解：(A)

解説 Food is carried to the stomach down a narrow tube made of smooth muscle tissue. とあり、食べ物が口から胃へ運ばれる際に細い tube が使われることがわかる。したがって、「通路」

という意味の (A) passage が最も文脈に合う。tube は「管」の意味。(B) atmosphere は「雰囲気」という意味。人間の体の構造に言及する文脈には合わない。(C) stream は「流れ」という意味で、tube の後にある made of 〜 は「〜で作られた」という意味なので、「筋肉組織で作られた細い流れ」とすると、意味が通らない。(D) breath は「息」の意味で、人間の体の内部の説明には合わない。

4. 類推問題

第3段落によると、なぜ反芻（すう）動物は食い戻しを噛むのか。

(A) 水をセルロースや他の固形物質から分離させるため

(B) 植物繊維に消化する準備をさせるため

(C) 歯の健康と強度を保つため

(D) 胃が機能している間に食べ物を貯えるため

正解：(B)

解説 Ruminants chew their cud continuously, to further break down plant fibers and mix them with saliva. とあるので、(B) が正解。(A) the plant solids, primarily cellulose, are separated from the water held in the leaves and grass. とあるが、それは食い戻しを噛む前の段階である。(C) 歯の健康と強度に関しては、本文中に言及がない。(D) 第3段落最終文に、animals like goats and cows often appear to have their cheeks full of food even if they are not eating とあるが、これは食い戻しを噛んでいるために食べ物を食べていない時にも頬が膨らんでいるのであって、食べ物を貯めているわけではない。

5. 内容不一致問題

第3段落によると、反芻動物について当てはまらないものはどれか。

(A) 消化器にある物質は両方の方向に流れることができる。
(B) 彼らの食生活は植物に基づいている。
(C) 彼らは食物繊維を消化できる唯一の動物である。
(D) 彼らは人間の体が消化することのできない物質を消化できる。

正解：(C)

解説 (A) The first two chambers are connected, allowing foods and chemicals to flow between them. とあり、両方の方向へ流れることができる。(B) Ruminants, a kind of animal that includes cows, sheep, deer and other large plant-eating mammals とあり、反芻動物は草食哺乳類であることがわかる。(D) 冒頭に、Most plant materials, which are made of cellulose, simply pass through the human digestion. とあり、人間には plant material を消化することができないことがわかる。その後で、反芻動物が digest this material（= the plant material）using a special process とある。したがって、反芻動物には人間には消化できないセルロースを消化できることがわかる。彼らが食物繊維を消化できる唯一の動物であるかについて言及はないので、(C) が正解。

6. 語彙問題

第３段落の chambers という単語に最も近い意味はどれか。

(A) 段階　(B) 家　(C) 区分け　(D) 移動

正解：(C)

解説 「反芻動物の胃には４つの（　）がある」という流れなので、「区分け」という意味の (C) sections が文脈に合う。(A) The stomachs of all ruminants have four chambers. と、反芻動物の胃の構造に言及している部分なので、「段階」という意味の stages は合わない。(B) homes は「家」という意味で、動物の体内の説明としておかしい。(D) transfers は「移動」という意味で、当てはまらない。

7. 指示語問題

第3段落の them が指しているものはどれか。

(A) 反芻動物　(B) 室　(C) 食べ物　(D) 化学物質

正解：(B)

解説 The first two chambers are connected, allowing foods and chemicals to flow between them. とは、「食べ物や化学物質が（　）の間を行き来できる」ということなので、them は the first two chambers のことである。したがって、(B) が正解。(A) 反芻動物の体内の説明なので文脈上合わない。allowing foods and chemicals to flow between them とあるので、「食べ物」と「化学物質」は them の間を行き来しているものである。したがって、(C) と (D) も内容に合わない。

8. 語彙問題

第4段落の properly という単語に最も近い意味はどれか。

(A) 早く　(B) 魅力的に　(C) 必要に　(D) 適切に

正解：(D)

解説 An adult cow produces over 100 liters of saliva a day to keep its mouth, throat, stomach, and intestines functioning properly. とあり、「臓器が（　）機能するために唾液が分泌される」という文脈なので、(D) の「適切に」が最も適している。その他はいずれも文脈に合わない。

9. 修辞意図問題

著者が第5段落でユダヤ教の食事制限に言及したのはなぜか。

(A) 人間が反芻動物の消化を古くから理解していたことを表すため

(B) 反芻動物の肉のほうが他の動物の肉よりも健康によいということを証明するため

(C) 人間の宗教と文化にとって食べ物が大切だということを強調するため

(D)「反芻動物」という言葉が「深く考えること」という意味だと説明するため

正解：(A)

解説　第5段落冒頭に、Humans have recognized the unique digestive characteristics of ruminants for thousands of years. とあり、その具体例としてユダヤ教の食事制限に言及があるので、(A) が正解。(B) meat from animals that chew their cud しか食せないとあるが、それが健康的だからなわけではない。(C) The Jewish Bible, which includes dietary rules maintained since ancient times とあるだけで、宗教と文化にとって食べ物が大切であるとは述べられていない。(D) The word “ruminate” has even gained an additional meaning: to think deeply about something. とあるように、「深く考えること」とは追加された意味である。

10. 単文挿入問題

文中の4つの■のうち、以下の文が入るのに最も適する箇所はどこか。

最初に、彼らの歯は育つことを絶対にやめない、生きている間ずっと食べ物を噛み続けられるように。

正解：2つ目

解説　挿入される文は First of all で始まるので、何かの具体例の1つ目が述べられている。この文の前に導入となる文が入るのが自然なので、1つ目の■には入らない。1つ目の■の後の文が導入文。2つ目の■の後の文に also とあり、導入文で示された

special characteristics の２つ目が述べられているとわかる。したがって、First of all とは、special characteristics の１つ目だとわかるので、２つ目の■に挿入するのが適切である。

要約

反芻動物

人間の体はサラダだけでは生き延びることができない。葉と草だけで生きられるように体ができていないからである。しかし、牛は特別な消化構造を持っているため、草だけで生きることができる。人間は消化の行程が３段階ある。口の中で食べ物を柔らかくし、唾液と合わせる胃の前行程。酸で細菌を殺し、タンパク質の分解を手伝う胃の中の行程。そして、栄養を分解する胃の後行程。人間の体の中で食物繊維は通るだけだが、牛などの反芻動物はこれらを特別な行程で消化する。４つの室で、飲み込んだ食べ物の水分を取り、固まった食い戻しを再び口に戻して食物繊維を分解するために噛み続けるのだ。反芻動物は食物繊維を分解するためにさまざまな特性を進化させた。分解を助けるために大量の唾液を作り、お腹にはセルロースを糖に変える何億もの細菌と菌類を含む。人間はこの反芻動物の特別な消化方法を何千年も前から知っていた。ユダヤの聖書に書いてあったのだ。さらに、反芻という言葉に、何かについて深く考えると言う意味を付け足し、「食い戻しを食べる」という言い回しは熟考を意味する。

Helen Keller

Helen Keller is most famous for what she could not do: see and hear. The story of how she overcame these barriers is remarkable and often told, but how she chose to use her skills of communication is equally interesting, although not often discussed. Keller was a radical in her time, advocating equal rights for women, workers, and people with disabilities. Even though she is not remembered as an activist, these were the issues that mattered most in her life.

Sight and hearing are the two primary senses used for communication, and people who lack one can typically use the other. Helen Keller had neither, living in a world of complete darkness and silence. She was born perfectly healthy in the summer of 1880, but at 19 months old she suffered from an infection that left her blind and deaf. As a young girl, Keller learned to communicate with her family using hand signs, but the range of ideas she could express was limited. Her parents sought out a specialist in the field of education for the deaf, who recommended that Keller contact a special school in Boston, Massachusetts. The director of the school asked a former student, who was only 20 years old at the time, to teach Keller at her home in Alabama.

Keller and her new teacher, Anne Sullivan, developed a strong relationship, and continued to study, work, and travel together for over 50 years. Because Keller possessed neither sight nor hearing, Sullivan used an unconventional teaching method. Using her fingers, she wrote out words on the flat part of the girl's hand, then handed her the object that matched the word. At first, Keller did not understand; she could not interpret the meaning of the letters that Sullivan spelled on her hand. At times, when Keller, who was only seven years old, could not maintain her concentration, she even threw or broke the objects that Anne Sullivan gave her.

After a month of study, Keller realized that the symbols her teacher drew on her hand had real meaning, and began to demand words for all the objects around her. The next year she began studying at a special school for the blind, then at a school for the deaf, and at the age of 20, entered university. During this time she learned to communicate in a number of ways. She could read Braille, a writing system for the blind, communicate with hand signs, and understand speech by placing her hands on the speaker's lips. Her hands became so sensitive that she could enjoy music by placing her fingers on the piano.

Once she could understand the world around her, Keller also began to speak and write her own ideas. She published 12 books about her life and her views on politics and religion. She supported many causes that were considered extreme at the time, such as voting rights for women and access to birth control. She opposed war and advocated a socialist state, in which all people share wealth and resources equally. To support this cause, Keller helped workers around the world organize in order to demand better pay and working conditions. Many of Keller's radical ideas were not popular at the time. Some writers who had previously celebrated her remarkable abilities criticized her opinions by claiming that her disabilities were limiting her understanding of social issues. In one case, she responded by saying that her opponents were truly deaf and blind, while she understood the world clearly.

1. What does paragraph 1 imply about public perceptions of Helen Keller's life?

(A) They do not give Keller enough credit for overcoming her physical disabilities.

(B) They focus more on Keller's disabilities than on her personal

beliefs.
(C) Most people are aware of her activism and radical opinions.
(D) Her political writings are still actively discussed today.

2. The word remarkable in paragraph 1 is closest in meaning to
(A) conventional
(B) historic
(C) extraordinary
(D) external

3. When the author stated in paragraph 1, Helen Keller was a radical in her time, the author meant that
(A) her beliefs were typical of other women of the time
(B) she had a conservative attitude towards women's issues
(C) most people shared her position on political and social questions
(D) her opinions contrasted sharply with those of most of her peers

4. Which of the following is true of Helen Keller's communication skills?
(A) She managed to communicate with her family before receiving any formal education.
(B) She learned to speak as a child before she lost the ability to hear.
(C) Her doctor attempted to restore her sight and hearing rather than teaching hand signs.
(D) She was unable to communicate with anyone until she began lessons with a private teacher.

5. The word who in paragraph 2 refers to

(A) her parents

(B) a specialist

(C) Keller

(D) the director

6. According to paragraph 3, Anne Sullivan's method taught Keller to

(A) recognize hand signs that her teacher made in the air

(B) create her own words for the objects in her home

(C) understand spoken language by watching the speaker's mouth

(D) associate physical objects with sensations on her hands

7. The word concentration in paragraph 3 is closest in meaning to

(A) focus

(B) ability

(C) anxiety

(D) provision

8. The author discusses piano music in paragraph 4 in order to

(A) explain Keller's interest in arts and culture

(B) illustrate the power of Keller's sense of touch

(C) show that Keller regained the ability to hear

(D) give an example of her teacher's creative methods

9. According to paragraph 5, which of the following causes did Helen Keller NOT support?

(A) Full political rights for women
(B) Organized labor
(C) Economic equality
(D) International military action

10. Which of the following best expresses the essential information in the highlighted sentence in paragraph 5? Incorrect answer choices change the meaning in important ways or leave out essential information.

(A) Keller's political activism made her even more popular with those who appreciated her story of overcoming physical barriers.
(B) Keller's positions on many political and social issues were not popular with prominent politicians of the time.
(C) Many famous writers felt that Keller's physical disabilities contributed to her sharp understanding of social issues.
(D) Opponents used Keller's disabilities to question the quality of her ideas, even while writing positively about her communication skills.

1. 類推問題

第1段落では、ヘレン・ケラーの人生に関する一般的な認識について何と言っているか。

(A) 彼らはケラーが身体的な障害を乗り越えたことを十分に評価していない。
(B) 彼らはケラーの個人的信念よりもケラーの障害に注目している。
(C) ほとんどの人は彼女の行動主義と過激な意見を知っている。
(D) 彼女の政治的な書物について未だに議論されている。

正解：(B)

解説 第1段落冒頭に Helen Keller is most famous for what she could not do: see and hear. とあり、その次の文でも how she chose to use her skills of communication is equally interesting, although not often discussed とあるので、ケラー自身のことよりも彼女の障害のことのほうが有名であることがわかる。したがって、(B) が正解。(A) The story of how she overcame these barriers is remarkable and often told とあるので、障害を乗り越えたことは評価されている。第1段落の最終文には、Even though she is not remembered as an activist, these were the issues that mattered most in her life. とあるので、(C) と (D) は本文の記述と異なる。

2. 語彙問題

第1段落の remarkable という単語に最も近い意味はどれか。

(A) 伝統的な　(B) 歴史的な　(C) 驚くべき　(D) 外部の

正解：(C)

解説 The story of how she overcame these barriers is remarkable and often told とあり、彼女が障害を乗り越えた話は remarkable なためによく語られるという文脈なので、ここには「驚くべき」という意味の (C) extraordinary がふさわしい。その他はいずれも文脈に合わない。

3. 内容一致問題

第1段落で著者が「ヘレン・ケラーは当時にしては過激だった」と言う時に意味しているのは、次のうちどれか。

(A) 彼女の信念は当時の他の女性の典型的なものであった

(B) 彼女は女性問題について保守的な態度を持っていた

(C) ほとんどの人は彼女の政治的、社会的疑問に共感した

(D) 彼女の意見は彼女の仲間のほとんどの意見とはっきり対照をなすものだった

正解：(D)

解説 Keller was a radical in her time, advocating equal rights for ～とあるが、radical とは「急進論者、過激派」という意味なので、(D) が正解。(A) や (B) とは反対の内容。(C) 彼女と一緒に活動をする人もいたが、ほとんどの人が共感していたとは述べられていない。

4. 内容一致問題

次のうち、ヘレン・ケラーのコミュニケーション能力について当てはまるものはどれか。

(A) 彼女は正式な教育を受ける前に、家族とコミュニケーションをとることができた。

(B) 彼女は聞く能力を失う前に、子供として話すことを学んだ。

(C) 彼女の先生は手話を教えるより視力と聴力を復元することを試みた。

(D) 家庭教師との授業を始めるまで誰ともコミュニケーションをとることができなかった。

正解：(A)

解説 As a young girl, Keller learned to communicate with her family using hand signs とあるので、(A) が正解。(D) はまったく逆の内容。(B) at 19 months old she suffered from an infection that left her blind and deaf とあり、ケラーは生後 19 カ月の時に視力と聴力を失った。(C) ケラーの家庭教師について、Using her fingers, she wrote out words on the flat part of the girl's hand, then handed her the object that matched the word. とあるので、掌に文字を書いて物の名前を覚えさせようとしたことがわかる。

5. 指示語問題

第２段落の who が指しているものはどれか。

(A) 彼女の両親　　(B) 専門医　　(C) ケラー　　(D) 理事長

正解：(B)

解説 Her parents sought out a specialist in the field of education for the deaf, who recommended that Keller contact a special school とあり、who はケラーのことを特別支援学校に相談するように助言した人だとわかる。who の前に彼女の両親が見つけた専門医と書かれているので、正解は (B)。

6. 内容一致問題

第３段落によると、アンネ・サリバンの方法はケラーに何をするよう教えたか。

(A) 先生が行った手話を見分けること

(B) 彼女の家にある物に対し、自分の言葉を作ること

(C) 話し手の口を見ることで話している言葉を理解すること

(D) 彼女の手の感触と物体を結びつけること

正解：(D)

解説 Using her fingers, she wrote out words on the flat part of the girl's hand, then handed her the object that matched the word. とあり、彼女の掌に文字を書いてから物体を手渡していたので、(D) が正解。彼女が物に名前を付けたわけではないので、(B) は内容に合わない。彼女には視力はなかったので、(A) や (C) を行うことはできない。

7. 語彙問題

第３段落の concentration という単語に最も近い意味はどれか。

(A) 集中力　　(B) 能力　　(C) 不安　　(D) 規定

正解：(A)

解説　該当箇所は、「当時7歳だったケラーは彼女の（　）を保つことができず、サリバンから渡された物を投げたり壊したりした」という文脈なので、(A) focus が正解。その他はいずれも文脈に合わない。

8. 修辞意図問題

第4段落で著者がピアノ音楽について論じているのはなぜか。

(A) ケラーの芸術と文化についての興味を説明するため

(B) ケラーの触れることについての敏感さを表すため

(C) ケラーが聴力を取り戻せたことを示すため

(D) 彼女の先生の独創的な手法の例を挙げるため

正解：(B)

解説　第4段落最終文に Her hands became so sensitive that she could enjoy music by placing her fingers on the piano. とあるが、これはケラーが手でさまざまな方法でコミュニケーションをとれるようになったことの例として挙げられているので、(B) が正解。(D) 直前の段落で Sullivan used an unconventional teaching method と述べられているが、その手法の例としてピアノに言及されているわけではない。(A) および (C) のような説明は述べられていない。

9. 内容不一致問題

第5段落によると、ヘレン・ケラーが支持しなかった運動は次のうちどれか。

(A) 女性の完全な政治的権利　　(B) 組合労働者

(C) 経済的な平等　　(D) 国際的な軍事活動

正解：(D)

解説　(A) She supported many causes that were considered extreme at the time, such as voting rights for women and access to birth control とある。(B) Keller helped workers around the world to organize in order to demand better pay and working conditions. とある。(C) She opposed war and advocated a socialist state, which all people share wealth and resources equally. とある。同じ箇所から、彼女は戦争に反対していたことがわかるので、(D) が正解。

10. 文の書き換え問題

第5段落でハイライトされた文の重要な情報を最もよく表しているのは以下のうちはどれか。不正解の選択肢は、意味を大きく変えるか、もしくは重要な情報を含んでいない。

(A) ケラーの政治的活動は、彼女が障害を乗り越え評価された以上にケラーを有名にした。

(B) ケラーの政治的、社会的問題についての立場は、当時卓越した政治家の間では、人気がなかった。

(C) 多くの有名な作家たちは彼女の障害が社会問題を鋭く理解するのに貢献したと感じた。

(D) 反対者は彼女のコミュニケーション能力について高く評価しながら、彼女の意見の質を疑うために彼女の障害を使用した。

正解：(D)

解説 Some writers who had previously celebrated her remarkable abilities criticized her opinions by claiming that her disabilities were limiting her understanding of social issues. とは、「以前は彼女の能力について賞賛していた作家たちが彼女の意見を批判する際に彼女は障害のせいで社会問題を理解できていないと述べた」ということなので、(D) が正解。(A) 文章全体を通して、彼女の政治的活動は彼女の障害のように知られていないと述べられているので、当てはまらない。(B) 当時の政治家の間で人気があったかについては述べられていない。(C) 彼女は障害のせいで社会問題を理解できていないとの批判があったので、逆の内容。

要約

ヘレン・ケラー

ヘレン・ケラーは盲目で耳も聞こえないことで有名である。彼女が障害を乗り越えた話はとても有名であるが、彼女がコミュニケーション能力をどんなことに使ったのかについてはあまり知られていない。ケラーは女性問題や労働問題について訴えた活動家なのである。コミュニケーションをするのに視覚と聴覚は欠かせないが、生後19カ月の時に感染した病気のせいでケラーは両方とも失った。幼い頃手話を学んだが、表現できる言葉は限られており、両親は耳の聞こえない人のための学校に連絡をした。すると、学校は卒業生をケラーの先生としてアラバマの自宅に送った。ケラーと新しい先生であるアンネ・サリバンは50年以上も一緒にいた。最初はケラーの手に文字を書き、その言葉と一致した物を渡すという特別な方法でケラーに教えた。1カ月後、ケラーはそれを習得し、盲目の人たちのための学校と耳の聞こえない人たちのための学校に通い、20歳の時には大学へ進学をした。彼女はこの間、点字や手話、そして話し言葉を理解する方法を学んだ。ケラーは周りの世界が理解できるようになると、自分の意見を公にするようになった。政治と宗教について12冊の本を出し、女性問題や労働問題について訴えた。中にはケラーは障害があるため社会問題を理解できていないと批判する人がいたが、「自分は社会問題をはっきりと理解しているが、反対者こそが確実に盲目で耳が聞こえない」と答えた。

Opposing Pillars of Civilization

In studies of classical Greek Civilization, the contrast

between Sparta and Athens, the major city-states of the 5th century B.C., is so pronounced that the contemporary reader might think it has been invented–or at least sharpened–by generations of historians wanting to tell a good story. Yet that suspicion quickly falls away once we realize how closely Spartan and Athenian political and social orders resemble the geopolitical realities of the 21st century. The very term 'politics' has roots in the Greek word for 'the affairs of the city,' after all. Sparta, with its single-minded, militaristic stance, was what we would now classify as an authoritarian state. We can appreciate Athens, with its expansive social, cultural and economic aims, as a bold experiment in a more democratic form of governance – even if it only partially succeeded in becoming a true democracy.

From the upheaval of the "age of tyranny" (650 - 500 B.C.), a period when aristocratic regimes were overthrown and tough, independent leaders reformed various unstable and unequal systems of government, Sparta and Athens emerged as the main models, or extremes, of the Greek city-state. Politically and ideologically, other states were more moderate, resting somewhere between these two spheres of influence. The Spartan constitution was strictly founded on a caste system. The small military class (the *citizens* or true 'Spartans') ruled from the top, while the vast laborer and servant class (the *helots*) toiled at the bottom. The *citizens* lived in strict compliance with a code of self-discipline, self-denial and self-sacrifice. Spartan babies who appeared unhealthy or deformed were killed at birth – thrown into a valley called "the place of rejection." At the age of seven, boys who escaped this horrific fate left home to be inducted into a course of physical, intellectual and military training that more or less lasted 23 years, until the age of 30. These young boys were sometimes allowed to eat only what they could steal from their elders, the better to train them in strategic acts of cunning. Such an unforgiving system no doubt produced a fiercely dedicated army.

The trouble was that it produced military superiority to the exclusion of all else. Core elements of society fell into neglect. The economy, for instance, was backward, and the currency in circulation, heavy iron bars, was actually designed to discourage the accumulation of wealth. That Sparta was landlocked presented challenges with regard to supply and trade that were gradually overcome by the seafaring Athenians. But the Spartans further isolated themselves from more liberal, neighboring states because they feared outside political influence. In fact, one of the reasons the Spartans were so intensely driven to stay in peak fighting form was just that: *fear*. They lived in constant fear of revolt from the *helot* underclass, which had been stripped of its rights and everywhere exploited. The Spartans were on the defensive from all sides at all times, it seemed.

Under the guidance of the influential statesman Pericles (c. 495-429 B.C.), the Athenians enjoyed a more open economic and cultural domain. ■ Pericles launched an ambitious civic building program which created jobs and resulted in the reconstruction of the Acropolis, a masterpiece of classical balance and urban utility. He was also determined to maintain the powerful Athenian navy and its dominance at sea. ■ This was a shrewd, not entirely democratic move. Nevertheless, Athenian coins stamped with an owl, the symbol of the city-state's goddess-protector, Athena, provided an efficient means of exchange within the Delian

Confederation. ■ In affairs of the state, legislative power rested with an assembly of all citizens, which voted on laws and applied elective principles to the justice system and military. ■ Pericles remarked that Athenians "... cultivate the mind without losing manliness," and history has shown that this was no idle claim: Athens produced the sculptor Phidias, playwrights Sophocles and Euripides and above all, Socrates, Plato and Aristotle, the form-breaking originators of Western philosophy.

Sparta and Athens set aside their differences and formed an alliance to defeat the onslaught of the formidable army and fleet assembled by the Persian ruler Xerxes in 480 B.C. The strengths of both states were revealed as they fended off the Persian invasion and took control of Asia Minor, freed from the Persian Empire in retreat. The Spartans showed their disciplined army in full flourish. They courageously (though unsuccessfully) defended the northern passage into central Greece, Thermopylae, although they knew their army of three hundred, along with seven hundred of their allies, was wildly outnumbered and faced certain death. The Athenians gained confidence and mobility through their victory over the Persian fleet, and directed their energies towards the development of an empire. Sparta's contempt for Athens' imperialist designs is cited by many historians as a prime cause of the end of the always tenuous alliance between the two ideologically opposed city-states. This emerging tension eventually led to the Peloponnesian War, a disastrous conflict which marked the twilight of Athenian-Spartan dominance and the dawn of the Macedonian Age of Philip II and his son Alexander the Great.

1. According to paragraph 1, which of the following is true of Athens and Sparta?
(A) They were almost identical in terms of political and social organization.
(B) They were very different in terms of political and social organization.
(C) Citizens of both city-states were single-minded and militaristic.
(D) Neither city-state has any relation to geopolitics in the 21st century.

2. The phrase classify as in paragraph 1 is closest in meaning to
(A) place in the category of
(B) identify as different from
(C) respect
(D) discount

3. According to paragraph 2, the other Greek city-states were
(A) just as extreme and influential as Sparta and Athens
(B) politically more powerful than Sparta and Athens
(C) not as extreme in politics and society in general as Sparta and Athens
(D) powerful spheres of influence, exercising great control over Sparta and Athens

4. The phrase in strict compliance with in paragraph 2 is closest in meaning to
(A) in opposition to

(B) with distrust of
(C) according to
(D) without considering

5. The author describes Sparta's rituals and training system in paragraph 2 in order to
(A) support the idea that they were effective in producing an excellent military
(B) support the idea that they weakened Sparta's military force
(C) show how desperately the Spartans needed to control population growth
(D) introduce the idea that the average Spartan generally mistrusted youth

6. Why does the author mention Sparta's economy in paragraph 3?
(A) As an example of Sparta's ideal balance of power and culture
(B) To suggest that the Spartans were obsessed with personal wealth
(C) To show Sparta's lack of interest in important aspects of society
(D) As an example of Spartan efficiency

7. Which of the following best expresses the main point in the highlighted sentence in paragraph 3? Incorrect answer choices change the meaning in important ways or leave out essential information.
(A) Most Spartans did not fear outside political influence, but encouraged it.

(B) Spartans had to stay fit in order to successfully compete in the first Olympics.
(C) Since the Spartans felt their power was under threat, they needed to remain strong.
(D) The Spartans were an intense people, so they exercised to relax.

8. According to paragraph 4, which of the following is NOT true of Pericles?
(A) He is responsible for making ancient Athens a cultural and political force.
(B) He was a cruel dictator, under whose rule the average Athenian suffered.
(C) He felt it was essential to develop Athens' naval power.
(D) He helped maintain a more, though not completely, democratic form of government.

9. Look at the four squares [■] that indicate where the following sentence could be added to the passage.

To this end, he grouped the 200 city-states of Greece's maritime alliance, the Delian Confederation, into provinces, facilitating the payment of tribute money to Athens, the head state.

Where would the sentence best fit?

10. Which of the following can be inferred from paragraph 4 about classical Athenian culture?
(A) It did not produce any important artists or philosophers.

(B) It has mostly been forgotten.

(C) It is historically significant and highly influential.

(D) It is not as interesting as Spartan art.

11. The word They in paragraph 5 refers to

(A) the Athenians

(B) the Spartans

(C) the Persians

(D) the Delian Confederation

12. The word emerging in paragraph 5 is closest in meaning to

(A) failing

(B) growing

(C) interesting

(D) tightening

13. According to paragraph 5, which is true of the Peloponnesian War?

(A) It is cited by many historians as the bloodiest confrontation in human history.

(B) It marked the end of the Macedonian Age of Philip II and Alexander the Great.

(C) It was fought in order to stop the Persian Empire from dominating Asia Minor.

(D) It resulted from Sparta's suspicion of Athens' imperialist plans.

14. Complete the table below to summarize information about Sparta and Athens discussed in the passage. Match the

appropriate statements to the city-states they are associated with.

CATEGORY	STATEMENTS
Sparta	● ● ●
Athens	● ●

Statements

(1) It was essentially a military state.

(2) It was not one of the major city-states of classical Greece.

(3) All of its citizens exercised some control over the government.

(4) Its citizens were extremely well-disciplined.

(5) Its leaders placed emphasis on culture as well as military power.

(6) Its youth were subjected to a brutal training system.

(7) It was ruled by Xerxes during the Greco-Persian War.

1. 内容一致問題

第1段落によると、アテネとスパルタについて当てはまるものは次のどれか。

(A) 彼らの政治的そして社会的組織についてほぼ同一である。

(B) 彼らは政治的そして社会的組織についてとても違っていた。

(C) 両方の都市国家の国民はひたむきで軍事主義だった。

(D) どちらの都市も21世紀の地政学との関係はなかった。

正解：(B)

解説 Sparta, with its single-minded, militaristic stance, was what we would now classify as an authoritarian state. We can appreciate Athens, with its expansive social, cultural and economic aims, as a bold experiment in a more democratic form of governance と述べられている。スパルタとアテネの政治的および社会的組織がまったく異なっていたことがわかるので、(B) が正解。(A) 本文の内容と逆。(C) 同様の箇所から、ひたむきで軍事主義だったのはスパルタだけだったとわかる。(D) we realize how closely Spartan and Athenian political and social orders resemble the geopolitical realities of the 21st century とあるので、関係することがわかる。

2. 語彙問題

第1段落の classify as という語句に最も近い意味はどれか。

(A) 〜のカテゴリーに入れる　(B) 〜とは違う形と認識する
(C) 〜を尊敬する　(D) 〜を割り引く

正解：(A)

解説 該当箇所は「我々は〜のことを今は権力国家と（　）する」という文脈なので、(A) が最も合う。(B)「分類する」ということであって、「違う形と認識する」という意味ではない。(C) および (D) はどちらも内容に合わない。

3. 類推問題

第2段落によると、他のギリシャの都市国家は

(A) スパルタとアテネと同じくらい強烈で影響力があった
(B) スパルタとアテネよりも政治的に強かった
(C) スパルタとアテネほど一般的に政治や社会は強烈ではなかった
(D) 影響力のある集団として、スパルタとアテネを強力に支配していた

正解：(C)

解説 Politically and ideologically, other states were more moderate, resting somewhere between these two spheres of influence. から、その他のギリシャの都市国家はスパルタとアテネの間に位置していたことがわかる。したがって、(C) が正解。(A) および (B) は本文とは逆の内容。(D) このような言及はなされていない。

4. 語彙問題

第2段落の in strict compliance with という語句に最も近い意味はどれか。

(A) ～の反対で　　(B) ～の不信で

(C) ～に従って　　(D) ～を考慮せずに

正解：(C)

解説 in compliance with ～ は「～に従って、～に応じて」という意味の熟語。strict はその度合いを強めている働きをしている。したがって、(C) が最も文脈上ふさわしい。その他はいずれも内容に合わない。

5. 修辞意図問題

第2段落で、著者はスパルタの儀式やトレーニングシステムについてなぜ説明したのか。

(A) それらが優秀な軍隊を作ることに効果的だったという意見を支持するため

(B) それらがスパルタの軍事力を弱めたという意見を支持するため

(C) スパルタ人がいかに必死に人口増加を管理しなくてはいけなかったのかを表すため

(D) 平均的なスパルタ人が一般的に若者たちに不信感を抱いていたという意見を紹介するため

正解：(A)

解説 スパルタでの軍隊の儀式やトレーニングについて説明があり、第2段落最終文に Such an unforgiving system no doubt produced a fiercely dedicated army. とあるので、それらが優秀な軍隊を作るために効果的だったことがわかる。したがって、(A) が正解。(B) 本文とは逆の内容。(C) Spartan babies that appeared unhealthy or deformed were killed at birth とあるが、これは人口増加を管理するためではない。(D) 若者が信頼できたかどうかについての言及はない。

6. 類推問題

第3段落で、なぜ著者はスパルタの経済について述べているのか。

(A) スパルタの権力と文化の理想的なバランスの例として

(B) スパルタ人が個人的な富にとらわれていたことを提示するため

(C) 社会の大切な側面についてのスパルタの興味不足を表すため

(D) スパルタの効率性の1つの例として

正解：(C)

解説 The trouble was that it produced military superiority to the exclusion of all else. Core elements of society fell into neglect. とあるので、社会の重要な側面に関しての興味不足だったとわかる。したがって、(C) が正解。(A) スパルタの権力と文化の理想的なバランスについては述べられていない。同様に、(B)「個人の富」や (D)「効率性のよさ」と経済についての言及はない。

7. 文の書き換え問題

第3段落でハイライトされた文の重要な情報を最もよく表しているのは以下のうちどれか。不正解の選択肢は、意味を大きく変えるか、重要な情報を含んでいない。

(A) ほとんどのスパルタ人は外部の政治的影響に恐れるどころか

むしろ奨励した。

(B) スパルタ人は最初のオリンピックできちんと戦えるように体を鍛えなくてはならなかった。

(C) スパルタ人は彼らの権力は危険にさらされていると感じたために、強くあり続けなくてはならなかった。

(D) スパルタ人は過激な人々であったため、リラックスするために運動をした。

正解：(C)

解説　スパルタ人が強力な国家であろうとしたのは、彼らの権力が脅威にさらされていたからと述べられているので、(C) が正解。(A) 直前に the Spartans further isolated themselves from more liberal, neighboring states because they feared outside political influence とあるので、内容と合わない。(B) および (D) に関する言及は本文にはない。

8. 内容不一致問題

第4段落によると、ペリクレスについて当てはまらないものは次のうちどれか。

(A) 古代アテネに文化的そして政治的な影響力があったのは彼のおかげである。

(B) 平均的なアテネ人が彼の支配下で苦しめられたほど残酷な独裁者であった。

(C) 彼はアテネの海軍の力を育成することが大切だと感じていた。

(D) 彼は完全にではないが、政府がより民主的な体制を維持するのを助けた。

正解：(B)

解説　(A) Under the guidance of the influential statesman Pericles (c. 495-429 B.C.), the Athenians enjoyed a more open economic and cultural domain. と ある。(C) He was also determined to maintain the powerful Athenian navy and its dominance at sea. とある。(D) This was a shrewd, not entirely democratic move. とある。したがって、(B) のみ言及がないので、これが正解。

9. 単文挿入問題

文中の４つの■のうち、以下の文が入るのに最も適する箇所はどこか。

この目的を達成するために、彼は首都であるアテネへの貢ぎ金の支払いを行いながら、ギリシャの200もの都市国家の海洋同盟である「デロス同盟」を州にまとめた。

正解：２つ目の■

解説 To this end とは「この目的を達成するために」という意味の熟語なので、この文が挿入される前の文で目的についての言及がなくてはいけない。２つ目の■の直前に「強力な海軍を維持することを決意した」とあるので、これを達成する手段として２つ目の■に挿入すると、自然な流れとなる。

10. 類推問題

古代アテネの文化について第４段落で暗示されているものは次のどれか。

(A) 重要な芸術家や哲学者を生まなかった。

(B) ほとんど忘れられている。

(C) 歴史的にとても大切で、非常に影響力がある。

(D) スパルタの芸術ほど興味深くはない。

正解：(C)

解説 Athens produced the sculptor Phidias, playwrights Sophocles and Euripides and above all, Socrates, Plato and

Aristotle, the form-breaking originators of Western philosophy. とあるので、西洋哲学の起源となる人々をはじめ、著名な人物を多数輩出したことがわかる。したがって、(C) が正解。(A) 本文の内容と逆。(B) および (D) に関する記述はない。

11. 指示語問題

第5段落の They が指しているものはどれか。

(A) アテネ人　　(B) スパルタ人

(C) ペルシア人　　(D) デロス同盟

正解：(B)

解説　直前の文は、The Spartans showed their disciplined army in full flourish. なので、They は The Spartans を指しているとわかる。したがって、(B) が正解。

12. 語彙問題

第5段落の emerging という単語に最も近い意味はどれか。

(A) 衰える　(B) 高まる　(C) 興味深い　(D) 引き締める

正解：(B)

解説　This emerging tension eventually led to the Peloponnesian War とは、「(　) する緊張が結局はペロポネソス戦争につながった」という意味なので、「高まる、増大する」という意味の (B) growing が文脈に合う。その他はいずれも内容に合わない。

13. 内容一致問題

第5段落によると、ペロポネソス戦争について当てはまるものはどれか。

(A) 多くの歴史家に人類の歴史上最も血なまぐさい対決だと挙げられている。

(B) フィリップ２世とアレキサンダー大王のマケドニア時代の終わりを告げた。

(C) ペルシア帝国が小アジアを支配するのを止めるために戦われた。

(D) スパルタがアテネの帝国計画に感づいたことから始まった。

正解：(D)

解説 Sparta's contempt for Athens' imperialist designs is cited ～ as a prime cause of the end of the always tenuous alliance between the two ideologically opposed city-states. とあるので、(D) が正解。その他については、いずれも本文で述べられていない。

14. 要点分類問題

正解：スパルタ (1)、(4)、(6)　アテネ (3)、(5)

本文で述べられたスパルタとアテネの情報を要約している選択肢を示して下の表を完成させよ。都市国家と関連する適切な文を選べ。

(1) 本来は、軍事国家だった。

(2) 古代ギリシャで代表的な都市国家の１つではなかった。

(3) すべての国民は政府を何かしら支配していた。

(4) 国民は極めてよく訓練されていた。

(5) 指導者は軍事力だけでなく、文化も重視していた。

(6) 若者は残忍なトレーニング制度の対象にされた。

(7) ギリシャ・ペルシャ戦争の間、クセルクセスによって支配された。

解説 (1) 第２段落に The Spartan constitution was strictly founded on a caste system. The small military class (the *citizens* or true 'Spartans') ruled from the top とあるので、スパルタの記述として適切。(2) 文章の最初に In studies of classical Greek

Civilization, the contrast between Sparta and Athens, the major city-states of the 5th century B.C. とあるので、本文の内容と合っていない。(3) 第４段落に In affairs of the state, legislative power rested with an Assembly of all citizens, which voted on laws and applied elective principles to the justice system and military. とあるので、アテネの説明として適切。(4) 第２段落に The *citizens* lived in strict compliance with a code of self-discipline, self-denial and self-sacrifice. とあるため、スパルタの内容と合う。(5) 第４段落に the Athenians enjoyed a more open economic and cultural domain や、He was also determined to maintain the powerful Athenian navy and its dominance at sea. とあるので、アテネの正しい記述。(6) 第２段落に At the age of seven, boys who escaped this horrific fate left home to be inducted into a course of physical, intellectual and military training that more or less lasted 23 years, until the age of 30. These young boys were sometimes only allowed to eat what they could steal from their elders, the better to train them in strategic acts of cunning. とあるので、スパルタの説明と合う。(7) Greco-Persian War に関する言及は本文中にない。

要約

文明の対向軸

古代ギリシャの２つの有名な都市国家であるスパルタとアテネは、驚くほど違っていた。スパルタはひたむきで、今でいう権威主義国家であったが、アテネはより民主的な政治体制であった。専制政治の「時代の激変」から２つの都市国家のモデルができた。スパルタはカースト制に基づいており、軍の階級が下の労働階級を支配していた。また、徹底順守の規律の下で暮らし、若者には厳しい訓練が行われた。しかし、軍事力に集中しすぎて経済などの社会にとって重要な要素が衰退していた。そして、自由な近隣都市からの政治的影響を恐れ、どんどん孤立していった。一方、アテネはペリクレスの下でより公平な制度であった。アテネの貨幣は物の交換に効果的であり、国民は法律の投票など、国の立法権に参加をした。また、アテネ人は男らしさを失わずに心を育てるというほど、ソクラテスやプラトン、フィリディアスなどの著名人たちも輩出した。紀元前480年に、スパルタとアテネは猛攻撃に勝つために同盟を結び、２つの都市の強さはこの戦いで明らかになった。しかし、アテネがペルシア艦隊に勝ったことからの自信で帝国の発展にエネルギーを注いでしまったために両国間で戦争が起きてしまった。悲惨な戦争の結果、フィリップ２世とその息子アレキサンダー大王のマケドニア時代が幕開けた。

第5章

TOEFL® 対策に有効な IGS リスニング勉強法

1 リスニング力を強化させるトレーニング

リーディングセクションの対策がしっかりできていれば、リスニングセクションは下記で説明する要領で耳を鍛えるだけで確実に解答できるようになります。スラッシュリーディングのスキルが身についていれば、前から順に英語を理解できるようになっているので、リスニングでは音に集中して聞き取ることができます。そして、リーディングと同じように前から理解していくことができます。リスニングは音だけで本文の内容を理解できるか問うセクションなので、リーディングよりも出題される英文のレベルは相対的に低いと言えます。

一方、リーディングと比べて難しい点は、本文を一度しか聞くことができないこと、そしてTOEFL iBTでは本文を聞く前に問題を見ることができないため、音を聞き取るのと当時に、**記憶しながら効率よくメモを取らなくてはいけない**ことです。このノートテーキングの方法については後に説明していきますので、まずは、リスニング力を強化させる方法から説明します。

Step 1：発音に気をつけて音読せよ！

音読とは、声に出して読むことですが、音読をする際の教材は、リーディングのトレーニングでスラッシュリーディングを行い、精読した教材を使うようにしてください。前から英語の語順のまま理解した後、精読によって単語や文章構造を理解した教材を使用することで、音を聞き取ることに集中して訓練することができます。まず、スラッシュリーディングを練習したものを再度見てみましょう。

> For a country / to be active on the world stage, / and for it / to be able to protect the sovereignty of its lands and people, / there are a number of organizations / it must maintain. // The first of these

is of course a strong military, / with at least a comprehensive defensive capability. // This is a very visible form of national protection. // There are, however, two more vital organizations. // These consist of the people tasked with gaining intelligence from other, nominally unfriendly, countries / and those whose responsibility is preventing any leaks of strategically important information. // Collectively they are known as the intelligence services, or more commonly, as spies. //

音読を練習するにあたっては、まずはネイティブの発音を聞き、その通りに読むようにしましょう。この時、なるべくネイティブと同じように発音するよう気をつけてください。TOEFL iBT のスピーキングセクションでは、明瞭で流暢な解答になっているか、英語の話し方も採点されます。その際、発音だけでなく、速さや抑揚など英語のリズムも評価基準の１つなので、ネイティブと同じように発音するよう心がけることはスピーキングのスコアアップにもつながると言えます。

発音や英語のリズムを鍛えるためには、口の形、舌の位置、音を出すための呼吸といった３つの要素がポイントになります。しっかり発音できるようになると、その音を聞き取ることができるようになるので、正しく発音することはリスニングの訓練も兼ねています。発音に関しては、フォニックス（＝音と文字の関係）の練習をするとよいでしょう。フォニックスを学ぶことで、聞こえてきた単語を書くことができ、また書かれている単語を音読することができるようになります。フォニックスに関しては、いくつか本が発刊されているので、自らが理解しやすいもの（絵が多い、解説が丁寧など、さまざまなものがあります）を利用して行ってください。また、IGS ではフォニックスを学び発音を評価する iPhone/iPad/iPod 向け無料アプリ「GLO☆STA ABC フォニックス」をリリースしているので、こちらで発音の練習をすることもお勧めです。幼稚園～小学校低学年向けではありますが、どの程度正しく発音できているのかを判定できます。

先にも述べたように、音読の際はリズム、抑揚、アクセントをネイティブの発音の通りにしてください。ネイティブの発音をお手本に、英語らしいリズムを覚えることが大切です。音楽を口ずさむ要領で、ネイティブの発音を聞きながら英語らしく音読するようにしてください。この時に大切なのが、恥ずかしがらないことです。また、英語特有のリエゾンには特に気をつけましょう。リエゾンとは、音がつながってかたまりとなって発音される、日本語とは異なる英語の特徴です。より英語らしい発音ができるようになるために、ネイティブ発音を聞きながらリエゾンの練習を徹底的に行いましょう。以下が、抑揚にハイライトをつけ、リエゾンに下線を引いたスクリプトです。ネイティブの発音を聞きながら、こうしたスクリプトを自分で作成していくとよいでしょう。

> For‿a country / to be active on the world stage, / and for‿it / to be able‿to protect the sovereignty of its lands‿and‿people, / there‿are a number‿of organizations / it must maintain. // The first‿of‿these is of‿course a strong military, / with‿at least a comprehensive defensive capability. // This‿is‿a very visible form‿of national protection. // There‿are, however, two more vital‿organizations. // These consist of the people tasked‿with gaining intelligence from‿other, nominally unfriendly, countries / and‿those whose responsibility‿is preventing‿any leaks of strategically‿important‿information. // Collectively they‿are known as‿the intelligence services, or more commonly, as spies. //

ここで意識することは、英文の音読を通じ、スピーキング力、そしてリスニング力のトレーニングを行っているということです。

Step 2：何度も聞き直し完全に英文を再現しよう～ディクテーション

ディクテーションとは、英語の音声を聞きながら、それを書き取っていくことです。音声を非常に細やかに聞き取るためのトレーニングになります。ここでも、精読や音読を行った教材を使用するようにしましょう。内容をしっかり理解できているので、より音だけに集中することができます。

ディクテーションは、何度も聞いて行うので、集中力を伴ったリスニング力をつけることができます。さらに、正しく書き取るためには構文にも意識して聞き取る必要があり、ライティング力やスピーキング力を強化する訓練にもなるので、大変ですがしっかりと行いましょう。そして、（定）冠詞や三単現のsなどの細かい音声も完全に書き取れるようにすることが重要です。このように集中して英語を聞き取る習慣ができると、英語を英語のまま理解する力が一気に強化できます。

ディクテーションを行う時には、3秒程度の巻き戻し機能がついたICレコーダーやMP3プレイヤーがあると便利です。地道な訓練ですが、できれば文単位で、難しければ意味の切れ間の単位で、同じ箇所を何度も繰り返し再生して、丁寧に書き取ることが、結果に結びつきます。最初のうちは難しくて書き取れるようになるまで長い時間がかかると思いますが、慣れてくるとだんだん繰り返しの回数を減らして書き取れるようになります。

また、書き取ったものとスクリプトを比較し、聞き違いがないか確認することも大切です。精読や音読で英文の内容は理解していたとしても、「単語を知らなかった」、「意味がとれない複雑な構文があった」という理由で聞き取れなかった箇所については、辞書や文法書を参照して、文全体の意味が通じるようにしましょう。音が聞き取れても、英語そのものが理解できていなければ意味はとれないので、その意味でもリーディング力を強化しておくことがリスニング力強化には重要です。

最後に、書き取った英文を見ながら音声を聞く際には、知っているのに聞き取れなかった単語について、特にその音の聞こえ方を入念に確認するようにしましょう。

Step 3：5分を完璧に！

ディクテーションができるようになったら、次はシャドーイングでリスニング力をさらに磨きましょう。シャドーイングとは、文字を見ないで音声を聞こえた通りに後を追うように自分で繰り返して話すことです。ここでも、教材はこれまでのステップで使用したものを使用しましょう。

IGSの顧問でもある三宅裕之先生の著書『英語は5分を完璧にしろ！』（フォレスト出版、2010年）には、このシャドーイングの方法とその大切さが述べられています。シャドーイングで大切なのは、精読、音読、ディクテーションが終わっていることを前提にして、1）音を意識してシャドーイングを行うこと、そしてそれができた上で、2）意味を意識してシャドーイングを行うことです。

このシャドーイング学習方法は、聞こえてきた音に素早く正確についていかなければならないので、おのずと集中力の訓練になり、正しい発音を含めたスピーキングの練習にもなります。構文をしっかりとらえることもできるようになるため、ライティング力も強化できるので、1つ1つのスクリプトに関して完全にシャドーイングができるようになるまで繰り返し続けましょう。

TOEFLのリスニング問題のパターン

リスニングセクションもリーディングセクションと同様、**問われる問題のパターンが毎回同じです**。そして、このパターンはTOEFL JuniorとTOEFL iBTで共通しています。

まず、TOEFL Juniorの問題は、以下の3つの形式で出題されます。

①学校生活における発表、告知などの問題が6～9題。大問1題に対して、設問は1つのみ。

②短い会話問題が4～5題。大問1題に対して、設問は3つ以上。

③学術的な授業や討論の問題が3～4題。大問1題に対して、設問は4つ以上。

TOEFL iBTには、大きく分けて2種類あります。

①会話問題（3～4分）：2～3題。大問1題に対して、設問は5つ。

(ア) 教授の研究室などでの学生と教授の会話（講義以外での、宿題や論文の相談など）

(イ) 大学教務課など施設窓口での学生とスタッフの会話（学費の支払い、寮生活など）

②講義、ディスカッション（4～6分）：4～6題。大問1題に対して、設問は6つ。

(ア) 教師の一方的な講義

(イ) 講義中の、教授と学生、学生同士のディスカッション

TOEFLのリスニングセクションでは、ドラマのように実際の状況が再現されているので、次のようなテクニックが効果的です。

①話し手の話すトーンを感じる（言語以外から何を言おうとしているのか）

(ア) 確信度は？

(イ) どういった感情か？

(ウ) カジュアルな場面か、フォーマルな場面か？

② （話の脱線を含めて）話題が変わったところを理解する～シグナルワード（However、but など）に注目する

それでは、リスニングセクションについても、出題パターンを１つずつ見ていきましょう。なお、本章の最後に、問題の具体例として、TOEFL Junior レベルの会話と講義を１題ずつと、TOEFL iBT レベルの会話と講義を１題ずつ掲載していますので、参考にしてください。

■主題を問う

主題は最初のほうで話されることが多いため、まず主題が何かを探ることが有効です。ここを聞き取れないと、その後の問題もすべて間違えてしまいやすいので頑張って聞き取るようにしましょう。主題は全体で一貫しているテーマなので、一部分だけのことを指している選択肢は正解にはなりません。また、TOEFL Junior では選択肢を見ながら英文を聞けるので、解答から主題を類推することも可能です。問題や選択肢にも注目しながら解答するようにしましょう。ただ、TOEFL iBT では音声が流れている間は問題や選択肢は表示されていないので、選択肢をヒントに主題を類推することはできません。

TOEFL Junior・TOEFL iBT 共通

- What is the subject of X?
- What problem does the man have?
- What are the speakers mainly discussing?
- What is the main topic of the lecture?
- What is the lecture mainly about?
- What aspect of X does the professor mainly discuss?

■詳細を問う

聞いた内容の細かい点の理解度を問う問題です。音声を聞きながら細かい点すべてを暗記することは難しいので、どれほどうまくメモを取れるかがポイントです。リーディングで紹介したツリーを思い出しましょう。下記の要領で、主題をまずは１番目のレベルに、主題に関わる主張などは２番目のレベルに、その主張に対する例示などは３番目のレベルに書き出していきます。ここで大切なことは、正しい英語表記で書く必要はなく、自分が書いてある内容をわかればよいということです。例えば、interesting といった長い単語を書くと、書いているうちに次の大事な内容を聞き漏らしてしまう可能性があるので、intrst といったように子音を中心に自分でわかるように略語で書くと時間短縮になります。

また、however、but、first of all、secondly、finally、in conclusion などのキーワードが出たらその直後に重要な情報が述べられたり、あるいはその後の話の内容が反転したりするので、キーワードを含めてメモを取るようにしてください。よく出るキーワードは、however なら ho のように、あらかじめ略語を決めておくと効果的です。

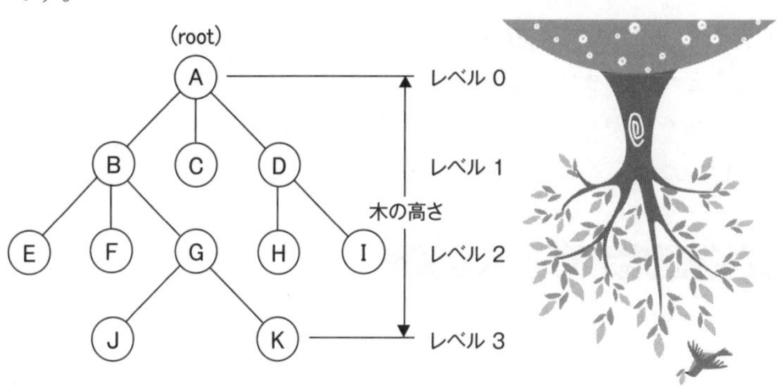

リスニング力強化のトレーニングとして、ディクテーションを練習しましたが、このディクテーション能力が高い生徒はメモを取る

技術が高くなります。別の言い方をすると、ディクテーションがしっかりできるようにならないと有効なメモを取ることができず、結局は詳細を問う問題に答えることができません。

TOEFL Junior・TOEFL iBT 共通

- According to X, what is Y?
- What does X say about Y?
- What resulted from the invention of the X?
- According to the professor, what is the main problem with the X theory?

■推論問題

リーディングにもあったパズルの最後のピースを埋める問題です。これもメモを見直し、その中の情報を組み合わせて、最後のピースを埋めることが大切です。この問題についても詳細問題と同様、ディクテーションができ、文章構造を理解したうえでメモをしっかり取れていないと高得点が望めません。

また、この類型として、話し手がこれから行おうとすることを予測する問題が出題されます。これもパズルを埋めるのと同じ要領で解くことができます。そのほか、TOEFL iBT だけですが、文章全体の情報を整理し、表などを埋める問題の出題もあるので、細かい点だけでなく、全体の話の流れを追うことも大切です。

TOEFL Junior・TOEFL iBT 共通

- What does X imply about Y?
- What can be inferred about X?
- What does the professor imply when he says this?
- What can be inferred from the professor's response to the student?

- What is the purpose of the woman's response?
- Why does the student say this?
- What is the professor's opinion of X?
- What does the woman mean when she says this?
- What will X probably do next?
- What is X going to do after school today?

TOEFL iBT

- The professor lists several factors about X. Indicate three of the following factors, which are important for Y, and three which are important for Z. For each factor, click in the correct box.

	Y	Z
X1		
X2		
X3		
X4		
X5		
X6		

■ある発言の意図を問う問題

TOEFL Junior では文章が短い時に比較的多く出題されるので、詳細問題や、推論問題と同様の形で答えることができます。一方で、TOEFL iBT の場合には、「Listen again to part of the conversation〔lecture〕. Then answer the question.」と流れ、すでに聞いた話の一部がリプレイされます。その後に、その意図を答える形になります。したがって、メモの該当箇所を再度読み直し答えるようにしましょう。

TOEFL Junior・TOEFL iBT 共通

- What is the purpose of X?

● Why does X suggest that ...?

● Why is X talking about Y?

● Why does the professor mention X?

■話し手の感情やある問題への態度を問う問題

前述の通り、TOEFL の問題はドラマ仕立てなので、言葉のトーンなどから話し手の態度を類推させ、なぜそうした感情や態度になったのかを問う問題があります。TOEFL iBT の場合は、この場面がリプレイされる場合もあります。全体を通じて、声などのトーンや強調している部分がある場合には、メモを取る際に線を引くなどすると答えやすくなります。

TOEFL Junior・TOEFL iBT 共通

● What does the professor imply when he says this?

● How does X probably feel when X says ...?

それでは、具体的に問題を解いてみましょう。

■ TOEFL Junior レベル：会話問題

Listen to a conversation between two students.

Girl : How was your summer Peter?

Boy : It was good, how was yours?

Girl : Ehh, just alright, I didn't really do much.

Boy : Don't feel bad, my summer wasn't so exciting either… actually, I stayed here at school the whole time.

Girl : Oh, were you in the sports program?

Boy : No, I took a summer course to work on language skills. We had so much homework I barely had time for my summer reading.

Girl : Wait, we had summer reading to do?

Boy : Remember? Mrs. Jenkins gave us two books to read over the summer.

Girl : Ooooh... right. I completely forgot about that. I sat around for the entire summer and I forgot the one thing I actually had to do. But her class meets tomorrow; what should I do?

Boy : Don't worry too much. I don't think it will impact your grade. You will just need to work hard to catch up. The first book is really short, and the second is... well... mmm... it is by some writer from like the 1700's. I don't think anyone could understand that book anyway... I tried to take notes on the second book. I can show them to you, but they might not make much sense.

Girl : OK, maybe I can look at them later tonight.

1. Where and when is this conversation probably taking place?

(A) At school on the last day of the school year

(B) At a student's home during the summer

(C) At the library in the middle of the school year

(D) At school on the first day of a new school year

2. Why does the boy say: Don't feel bad, my summer wasn't so exciting either...

(A) To show how much he learned over the summer

(B) To make the girl feel better

(C) To make the girl feel bad about his summer

(D) To bring up the subject of his summer program

3. What does the girl forget to do?

(A) Her language program

(B) Her English test

(C) Her sports program

(D) Her summer reading

4. What does the boy imply about the second book?

(A) It is written in an old style that is difficult to understand.

(B) The writer is from another country.

(C) It has many characters so the story is confusing.

(D) It is very important for his grade in English class.

1. 詳細問題

この会話はいつどこで行われているか。

(A) 1学年の最後の日に学校で　(B) 夏休み中に生徒の家で

(C) 1学年の半ばに図書館で　(D) 新学年の始まりの日に学校で

正解：(D)

How was your summer Peter? という会話の始まりからこれが夏休み明けの学校での会話であることがわかる。ここで注意が必要なのは、米国の学校は夏休みを挟んで年度が変わるということだ。したがって、(D) が正解となる。(A) 全体を通して夏休みのことが過去形で話されているので、この会話は夏休み後のもの。(B) 中盤で I stayed here at school the whole time と男子生徒が話しているので、この会話は学校で行われていることがわかる。(C) school year とは「学校の授業が行われる学年」のこと。また、図書室についてはまったく触れられていない。

2. 推論問題

なぜ男子生徒は「そんなに気にすることないよ、僕の夏休みもそんなに楽しくなかった」と言っているのか。

(A) 夏休みの間にどれだけ勉強したかを表すため

(B) 女子生徒の気をよくするため

(C) 女子生徒が彼の夏休みについて気を悪くなるようにするため

(D) 彼の夏休みのプログラムについて話すため

正解：(B)

my summer wasn't so exciting either とは、「自分の夏休みもあまり楽しくなかった」という意味で、女子生徒の気分を晴れさせるために言っているので正解は (B)。同情を求めるために言ったわけではないので、(C) は不適切。(A) We had so much homework I barely had time for my summer reading. と宿題がたくさんあったことに触れてはいるが、どれだけ夏休み中に勉強したかを話すのが目的ではない。(D) 会話の趣旨は夏休みの宿題についてであり、男子生徒が受けた夏休みのプログラムの話をするためではない。

3. 詳細問題

女子生徒が忘れたことは何か。

(A) 言語プログラム　　(B) 英語のテスト

(C) スポーツプログラム　　(D) 夏の課題読書

正解：(D)

男子生徒が Mrs. Jenkins gave us two books to read over the summer. と言ったのに対し、女子生徒が I completely forgot about that（= summer reading). と言っているので、(D) が正解。(A) 男子生徒が I took a summer course to work on language skills と言っているが、女子生徒もそのコースを取っていたかについては触れられていない。(B) 会話中で English test について一切述べられていない。(C) 女子生徒が男子生徒にスポーツプログラムに参加していたのか尋ねているが、女子生徒については言及がない。

4. 詳細問題

男子生徒は２冊目の本について何と暗示しているか。

(A) 古典的なスタイルで書かれているので、理解するのが難しい。

(B) 作者は外国の出身である。

(C) 多くの登場人物がいるため話が複雑である。

(D) 彼の英語の授業の成績にとってとても重要である。

正解：(A)

it is by some writer from like the 1700's と作者が 1700 年代の人物であることが述べられた後、I don't think anyone could understand that book anyway... とあるので、誰もその課題図書の内容を誰も理解できなかっただろうと男子生徒が思っていることがわかる。したがって、(A) が正解。(B) 作者の出身地については述べられていない。(C) 登場人物については言及していない。(D) 男子生徒は Don't worry too much. I don't think it will impact your grade. と言っているので、反対の内容。

訳

生徒２人の会話を聞きなさい。

女子生徒：夏休みはどうだった、ピーター？

男子生徒：よかったよ、君のはどうだった？

女子生徒：うーん、まぁまぁかな、ほとんど何もしなかったわ。

男子生徒：くよくよすることないよ。僕の夏休みもそんなに面白くなかったから…。実は、僕はずっと学校にいたんだ。

女子生徒：えっ、スポーツプログラムに入っていたの？

男子生徒：いや、言語力を磨くために夏期講習を受けたんだ。宿題が多すぎて夏休みの課題読書をする時間がほとんどなかったよ。

女子生徒：待って、夏の課題読書なんてあったの？

男子生徒：覚えてないのかい？ ジェンキンズ先生に夏休み中に読むようにって２冊渡されたじゃないか。

女子生徒：あー、そうだった。完璧に忘れていたわ。夏休み中ぶらぶらと過ごしていて、やらなければいけないたった1つのことを忘れてしまったわ。でも彼女の授業は明日だわ。どうすればいいかしら？

男子生徒：そんなに心配しなくていいよ。成績に影響しないと思うから。ただ、追いつくようにたくさん読まないとね。1冊目は本当に短いよ、2冊目は…、まあ、1700年代の頃の作家のものなんだ。どっちにしても誰も理解できなかったと思うよ。僕は、2冊目はメモを取ってみたよ。見せてあげてもいいけど、意味がわからないかもしれないな。

女子生徒：わかった、今夜見せてもらうかもしれない。

■ TOEFL Junior　レベル：講義

Listen to a history teacher talking to a class.

Teacher:

In history, we generally try to explain the world by looking at past events. Everything that happens is the result of a combination of factors, a long chain of events that goes back tens, hundreds, or even thousands of years. But sometimes these facts don't feel like enough and we are still left wondering… why? Why did this happen… how did this happen? In studying the history of the 20th century and World War Two in particular, many of us are left with this feeling. We have just finished our unit on Nazi Germany, so I thought this would be a good time to pause and consider the forces that allowed Adolf Hitler's Nazi regime to rise to power and cause so much damage.

To understand Hitler's incredible appeal, we have to look at the circumstances in Germany in the 1930's. The country was in the middle of an economic crisis: national debt was high and many people were unable to find work. People in this situation naturally look for a scapegoat, that is, someone to blame for all their problems. Hitler gave the people someone to blame. Now, this may seem unfair, but it actually is common human behavior. If we don't like our situation, we look for someone to blame for all our problems, so that we don't have to blame ourselves. Think about your own lives... haven't you all done this before? Doesn't it happen in the politics of our own country? For example, maybe you get a bad grade on your test. You can probably think of lots of reasons you did poorly... because the teacher didn't prepare you for the test... because your brother was making noise and you couldn't study... because your soccer coach made you have extra practice this week. These may be true, but you still have to be responsible for yourself. You can't blame someone else for your own problems.

What Hitler did was he gave the German people a scapegoat; he blamed all the country's economic problems on its Jewish population. This may seem strange to us, but in Europe at that time many people had negative perceptions of Jews and were ready to believe Hitler's words. The roots of these anti-Jewish feelings went back to ancient times and had resulted in violence before. Hitler confirmed people's negative perceptions of Jews and used this hatred to build support for his party. We all know the results of this policy: war and the deaths of an estimated 6 million Jewish people. I don't think any of us can truly understand how and why that happened, but I hope you can at least see that the power and influence of the Nazi regime was built by creating scapegoats, appealing to people by giving them someone to blame. Blaming other people for our problems is something that each and every one of us can understand because we have all done it.

1. What is the main subject of the lecture?
(A) The origins of the term “scapegoat” in 20th century Germany
(B) Negative perceptions of Jewish people in ancient times
(C) The rise of the Nazi regime and the power of scapegoats
(D) Finding reasons for poor test performance

2. What is a scapegoat?
(A) Someone who you blame for your problems
(B) A reason that you perform poorly on a test
(C) A historical event that is difficult to understand
(D) A person who blames others for his or her situation

3. Why does the teacher talk about a student getting a bad grade on a test?
(A) To demonstrate how forces outside our control can shape our lives
(B) To challenge the idea that Hitler used scapegoats to build his power
(C) To warn the students against blaming their problems on others
(D) To show how all of us sometimes blame our problems on other people

4. According to the teacher, how did Hitler rise to power?
(A) He accepted responsibility for the country’s poor economic situation.

(B) He reduced the national debt and provided jobs to German workers.
(C) He blamed the country's economic problems on its Jewish population.
(D) He appealed to the Jewish community by making it a scapegoat.

5. What is the teacher's attitude towards the use of scapegoats?
(A) Using scapegoats is a good way to become successful in life.
(B) Scapegoats are a necessary and important part of modern politics.
(C) Blaming problems on scapegoats is unfair but common human behavior.
(D) It is okay to use scapegoats as long as it doesn't lead to violence.

1. 詳細問題

この講義の主題は何か。
(A) 20世紀ドイツの「生贄」という言葉の起源
(B) 古代のユダヤ人に対する否定的な認識
(C) ナチス政権の勃興と生贄の力
(D) 好ましくないテスト成績の理由探し

正解：(C)

冒頭で教師が We have just finished our unit on Nazi Germany, so I thought this would be a good time to pause and consider the forces that allowed Adolf Hitler's Nazi regime to rise to power and cause so much damage. と述べており、その後もナチス政権下でなぜユダヤ人の人々が迫害を受けることになったのかについて説明しているので、(C) が正解。(A) この講義の趣旨は、ナチス政権の発展と生贄の力に

ついて話しているのであって、scapegoat という言葉の起源を説明しているのではない。(B) 講義の中で、negative perceptions on Jewish people は古代からあったと触れられているが、それはなぜ自然とドイツの人々がナチス政権を支持するようになったのかを述べるためであって、講義の趣旨ではない。(D) テストの成績が悪かった場合に誰かのせいにしてしまうことがあると述べられているが、それは当時のドイツの人々の心情をわかりやすく説明するためである。

2. 詳細問題

生贄とは何か。

(A) あなたの問題についてあなたが非難する人

(B) テストの成績が好ましくない理由

(C) 理解しがたい歴史上の出来事

(D) 自らの状況について他人を非難する人

正解：(A)

scapegoat について、someone to blame for all their problems と述べられているので、(A) が正解。(B) scapegoat の具体例として、テストの成績が好ましくない理由を誰かのせいにすることがあると述べられている。(C) および (D) のような言及はない。

3. 推論問題

教師はなぜ生徒がテストで悪い点数をとった時の話をするのか。

(A) 私たちがコントロールできない力によっていかに人生が形付けられるかを実証するため

(B) ヒトラーが彼の権力を築くために生贄を使ったという意見に異議を唱えるため

(C) 生徒が自分の問題を他の人のせいにしないよう警告するため

(D) 私たちがみんな時々自分の問題を他人のせいにすることを示すため

正解：(D)

Think about your own lives... haven't you all done this before? とあり、私たちも自分たちの問題を他人のせいにすることの例として maybe you get a bad grade on your test と挙げている。したがって、(D) が正解。その他の選択肢については、本文中の説明と異なる。

4. 詳細問題

教師によると、ヒトラーはどのように権力を強めたか。

(A) 彼は国が経済的に苦しい状況にある責任を認めた。

(B) 彼は国の借金を減らしドイツ人に仕事を与えた。

(C) 彼は国の経済的問題をユダヤ人のせいにした。

(D) 彼はユダヤ社会に対し彼らを生贄にすることで訴えかけた。

正解：(C)

What Hitler did was he gave the German people a scapegoat; he blamed all the country's economic problems on its Jewish population. と述べた後、反ユダヤ感情がドイツの人々にあったことなどを説明し、Hitler confirmed people's negative perceptions of Jews and used this hatred to build support for his party. とあるので、正解は (C)。(A) he blamed all the country's economic problems on its Jewish population と言っているので、内容と合わない。(B) 当時のドイツの経済危機について、national debt was high and many people were unable to find work と説明し、ヒトラーはそれをユダヤ人にせいにしたということであって、ヒトラーはこの問題を解決したわけではない。(D) ユダヤ人を生贄としてすべてを彼らのせいにしたとの説明はあるが、ユダヤ人に支持を訴えかけたという説明はない。

5. 詳細問題

生贄の使用に対する教師の姿勢はどれか。

(A) 生贄を使うことは人生で成功するためのよい方法である。

(B) 生贄は現代政治において必要で重要なものの一部である。
(C) 生贄に問題を押し付けるのは不平等だが一般的な人間の行動である。
(D) 暴力につながらないかぎり生贄は使うことは問題ない。

正解：(C)

教師はヒトラーがユダヤ人を生贄としたことについて、this may seem unfair, but it actually is common human behavior と説明しているので、正解は (C)。(A) 教師はヒトラーが政権を握るために生贄を使ったことを説明しているが、それが人生において成功するためのよい方法だとは述べていない。(B) 自分の問題について他人のせいにすることは誰しもやったことのあることだとは述べているが、生贄が現代政治において必要で重要なものだとは述べていない。(D) 暴力については、古代から反ユダヤ感情があり時には暴力につながっていたと示されただけで、生贄に関して述べられたわけではない。

訳

歴史のクラスでの教師の話を聞きなさい。

教師：

歴史の授業で、一般的に私たちは過去の出来事を見ることで世界を説明しようとします。10 年、100 年、あるいは 1000 年も前の出来事の長い連鎖、つまり要素の組み合わせの結果によってすべてのことは起きているのです。しかし、時にはこれらの事実で十分とは思えず、なぜだろうと不思議に思ってしまいます。どうしてこれは起きたのだろう、どのようにこれは起きたのだろう、と。20 世紀の歴史と特に第二次世界大戦を勉強していると、多くの人たちはこのような気持ちを抱きます。私たちはドイツのナチスについての章を終えたばかりなので、アドラフ・ヒトラーのナチス政権が権力を強め、多くの被害を引き起こすことになった力について、一度立ち止まって考えるのにちょうどよい機会だと思いました。

ヒトラーの信じられないほどの人々への訴求力を理解するためには、私たちは1930年代のドイツの状況を把握する必要があります。国は経済危機の真っただ中でした。国の借金は大きく、多くの人たちが職に就くことができませんでした。この状況にいる人々は自然にすべての問題を誰かのせいにするために生贄を探します。ヒトラーは責任を押し付ける人を人々に与えたのです。これは不平等に見えるかもしれませんが、これは実際に人間の一般的な習慣なのです。私たちは今の状況が気に入らなければ、自分たちのせいにしなくてもよいように、責任を押し付ける人を探します。自分たちの人生について考えてみてください。皆さんこれをやったことはありませんか。私たちの国の政治で起こっていませんか。例えば、テストで悪い点数をとったとします。おそらく悪い点数になってしまった理由をたくさん考えることができるでしょう。先生がテストに合わせた準備をあなたのためにしなかったから。弟がうるさくて勉強ができなかったから。サッカーのコーチが今週は余分な練習をさせたから。これらは本当かもしれませんが、それでも自分に責任があります。自分の問題を他の人のせいにはできないのです。

ヒトラーがしたことはドイツ人に生贄を与えたことです。彼は国のすべての経済的問題をユダヤ人のせいにしたのです。これは私たちにとって奇妙に感じるかもしれませんが、当時のヨーロッパでは、多くの人はユダヤ人に対して否定的な認識を持っており、ヒトラーの言葉をすぐに信じることができました。これらの反ユダヤ主義の起源は古代にまで遡り、過去に暴力となったこともありました。ヒトラーは人々のユダヤ人に対する否定的な認識を確認し、この憎しみを彼の党への支持を築くために使ったのです。私たちは皆、この政策の結果を知っています。戦争と、約600万人のユダヤ人の死です。私は、誰も本当にそれがどのようにそしてどうして起こったのかを理解することはできないと思いますが、生贄を作って誰かに責任を負わせることで人々に訴求することによりナチス政権の権力と影響が生まれたことをわかってもらえればと思います。私たちの問題を他の人のせいにするのは、私たちが皆やったことがあることなので私たち一人一人が理解できることでしょう。

■ TOEFL iBT　レベル：会話

Listen to a conversation between a clerk and a student.

Clerk: Good afternoon. How can I help you? Is there something in particular that you are looking for?

Student: Yes, uh, good afternoon. Could you tell me where I could find the sociology section?

C: Yes, sure. Follow me. It's right along here. OK, here we are, this is the 'Social Sciences' section. Which course are you taking?

S: Um, 'Introduction to Sociology.'

C: Oh, I see. You're going to need, "The Promise of Sociology," by Wright Mills.

S: Actually, I managed to pick up a copy of that from my roommate. Today, I'm looking for Max Weber's "The Case for Value Free Sociology." Do you have it in stock?

C: 'Max Weber,' 'Max Weber.' Hmm. No... Oh, got it, here you are.

S: 46 dollars? Is this the second edition? My reading list quotes the third edition.

C: Ah.

S: Is this the only edition you have?

C: I'm afraid so. Sorry about that.

S: How many copies of this do you have left? Just these up on the shelf?

C: Let me check the system. Two here, and there are three others in stock. That's five.

S: Oh no... This class is really popular. I'll bet they'll all be gone by Friday. Hey, if I buy this one, but manage to pick up a third edition on the Internet, will I be able to return it and get a refund?

C: Yeah, that's no problem at all. Just don't lose your receipt and of course, make sure the book is returned in saleable condition. I mean, don't damage or mark it in any way.

S: OK, I understand. That's fair enough.

C: Would you like me to see if we can order in that third edition for you here?

S: I don't think I have time. That usually takes a couple of weeks, right?

C: (laughs) You are right. The Internet could be quicker.

S: Thanks. I'll take it. Oh, and by the way, do you have any college t-shirts? I wanted to get one for my little brother.

C: T-shirts? Yes, sure, just follow me down here. Here we are!

S: That's cool. What kind of bird is that?

C: The one on the back? That's an oystercatcher. It's fairly striking, isn't it? It's the college mascot. It supposedly represents a student probing for knowledge.

S: Do you have this in long-sleeve? How much is it?

C: That's $19.95 plus tax.

S: Great. That's not too excessive. By my calculation, that should leave me with enough to buy a cap as well! I'll have to be careful, though, as I've already spent two-thirds of this week's budget (laughs).

C: Well, be careful; we are only halfway through the semester. Is there anything else I can help you with?

S: Uh, I don't think so. You've been very helpful, thanks. Could you tell me where I can pay for these?

C: Sure, the registers are near the entrance.

1. What is the student's purpose in coming here? (Choose 2)

(A) To buy a course textbook

(B) To buy a present for someone

(C) To pick up a novel

(D) To ask about the college mascot

2. What must the student do to return the book?

(A) Keep it in a bag

(B) Produce the receipt

(C) Pay more money

(D) Come back within one week

3. What is the design of the t-shirt?

(A) It shows an oystercatcher bird on the back.

(B) It shows an oystercatcher bird on the front.

(C) It shows a small oystercatcher bird on the front.

(D) It shows an oystercatcher bird on the back and on the front.

4. Listen again to part of the conversation. Then answer the question.

Why does the student say this?

(A) He doesn't want the book.

(B) He's worried that he might damage the book.

(C) He needs the book now, but might not need it later.

(D) He doesn't need the book now.

5. What will the student probably do after this?

(A) Play tennis

(B) Go to the bank

(C) Go for lunch

(D) Surf the Net

1. 詳細問題

生徒がここに来た目的は何か。（２つ選択）

(A) 授業の教科書を買うため

(B) 誰かにプレゼントを買うため

(C) 小説を受け取るため

(D) 大学のマスコットについて質問するため

正解：(A)、(B)

(A) 最初に、Could you tell me where I could find the sociology section? と社会学の棚の場所を尋ねて、教科書の相談をしているため正解。(B) 大学のＴシャツについて尋ねる際、I wanted to get one for my little brother. と言っているので正解。(C) 小説については会話に登場しない。(D) 大学のマスコットについて話はあるが、そのことを尋ねるのが来店の目的ではない。

2. 詳細問題

生徒が書籍を返品するにはどうするか。

(A) 袋に入れておく　　(B) 領収書を提示する

(C) さらにお金を払う　　(D) １週間以内に来店する

正解：(B)

返品方法について、店員は don't lose your receipt と言っているので、(B) が正解。(A) make sure the book is returned in a saleable condition と言い、I mean, don't damage or mark it in any way. と補足しているが、袋に保管しなくてはいけないとは言っていない。余分

にお金を支払うということや返品期限については触れられていないので、(C) および (D) は当てはまらない。

3. 詳細問題

Tシャツのデザインは何か。

(A) 裏にミヤコドリが描いてある。

(B) 表にミヤコドリが描いてある。

(C) 表に小さなミヤコドリが描いてある。

(D) 裏と表にミヤコドリが描いてある。

正解：(A)

Tシャツのデザインについて生徒が店員に尋ねると、The one on the back? That's an oystercatcher. ~ It's the college mascot. と説明があるので、(A) が正解。Tシャツの表に関しては言及がないので、その他の選択肢は不適切。

4. 推論問題

会話の一部をもう1度聞いて、質問に答えなさい。（スクリプト・訳の下線部参照）

生徒はなぜ次のように言ったのか。（　　　参照）

(A) 彼は書籍が欲しくない。

(B) 彼は書籍を破損するかもしれないと心配している。

(C) 彼は今、書籍がいるが、後でいらなくなるかもしれない。

(D) 彼は書籍を今必要ではない。

正解：(C)

店頭にあるのは第2版だが、生徒は第3版を必要としている。在庫も少ないのでなくなってしまう前に第2版を購入して、もしインターネットで第3版を購入できたら第2版を返品できるかを尋ねているので、(C) が正解。

5. 推論問題

生徒はこの後おそらく何をするか。

(A) テニスをする　　　　(B) 銀行に行く

(C) お昼を食べに行く　　(D) インターネットで検索する

正解：(D)

if I buy this one, but manage to pick up a third edition on the Internet とインターネットで第３版が見つけられた場合の話をしているので、正解は (D)。テニスや銀行、昼食の話はしていないので、その他はいずれも不適切。

訳

店員と生徒の会話を聞きなさい。

店員：こんにちは。いらっしゃいませ。特に何かお探しですか。

生徒：あ、はい、こんにちは。社会学の棚はどこにあるか教えてもらえますか。

店員：はい、もちろんです。一緒について来てください。ちょうどこちらのほうにあります。さて、着きました。ここが「社会科学」の棚です。どのコースを履修しているのですか。

生徒：えーと、「社会学入門」です。

店員：ああ、なるほど。あなたはライトミルズの『社会学の約束』が必要ですよ。

生徒：実は、ルームメイトからその書籍をもらえることになったのです。今日は、マックス・ウェバーの『価値自由社会のケース』を探しています。在庫はありますか。

店員：マックス・ウェバー、マックス・ウェバーは。うーん。ないようです。あ、見つけました、どうぞ。

生徒：46 ドルですか。これは第２版でしょうか。僕の図書一覧には第３版とあります。

店員：そうですか。

生徒：この版しかありませんか。

店員：残念ですが、そのようです。申し訳ありません。

生徒：在庫は何冊あるのですか。ここの棚にあるだけでしょうか。

店員：システムで確認してみましょう。ここに２冊と、在庫で３冊あります。全部で５冊です。

生徒：どうしようかな。この授業は本当に人気があるんです。金曜日までにすべてなくなるはずです。あの、これを買って、後でインターネットで第３版を買えた場合、返品をして返金してもらうことは可能ですか。

店員：はい、大丈夫ですよ。ただ、領収書をなくさないでください。そして、もちろん、売ることのできる状態しておいてください。つまり、書籍を破損したり、印を付けたり決してしないでください。

生徒：はい、わかりました。承知しました。

店員：ここで第３版を注文できるか確認しましょうか。

生徒：その時間はないと思います。通常、数週間かかるのですよね？

店員：（笑い）その通りです。インターネットのほうが早いかもしれません。

生徒：ありがとうございます。これを買います。あー、それと、大学のＴシャツはありますか。弟にあげたいのです。

店員：Ｔシャツですか。はい、ありますよ、こちらについて来てください。ここです！

生徒：格好いいですね。それは何の鳥なのですか。

店員：後ろに描いているものですか。これはミヤコドリです。とても印象的ですよね。大学のマスコットなんです。生徒が知識を見極めることを表しています。

生徒：長袖はありますか。おいくらですか。

店員：19.95ドルと消費税です。

生徒：よかった。そんなに高くない。僕の計算だと、帽子を買うお金も残るはず！ でも気をつけなけなくちゃ、今週の予算の３分の

2を使っちゃったから。(笑い)

店員：まあ、気をつけて。まだ1学期の半分しか経っていないからね。他に何かお探しのものはありますか。

生徒：えーと、ないと思います。とても助かりました。ありがとうございます。どこでこれを支払うのか教えていただけますか。

店員：もちろん。レジは入口の近くです。

■ TOEFL iBT レベル：講義

Listen to part of a lecture.

Professor:

Today... ahem, can I have your attention please? Thank you. Today I want to talk about the population explosion. Explosion! That's a pretty emotive word, right? Well it is for a reason. I guess you've all heard of exponential growth. It means that there is a certain rate of growth. For example, the population grows by a certain percentage each year. It could be 1% a year or 2% a year, but the growth is always constant. The number of people increases every year, but the percentage of growth is constant. That is exponential growth. So up until this period we saw a growth rate like .001% to then 0.1, but during this period it went up to 2%! Now, this period of growth coincided with the increased food production, which resulted from the industrialization of agriculture brought about by the green revolution. We'll hear more about that a bit later. The rate of growth actually peaked in 1964, at about 2.1%. Let's take Indonesia as an example. In 1961 its population stood at 97 million. But it soared to 237.6 million by 2010. That's an overnight increase of 145%! Well, let's take a look at the figures for India. There are just over 1.2 billion people in India today.

But in 1951 there was a mere fraction of that number... 361.1 million! That's a fantastic increase... 235% in just 60 years.

According to projections, the population around the globe will continue to grow until at least 2050, inevitably putting a massive strain on resources, especially in less fortunate countries in Sub-Saharan Africa, the Middle East, South and South East Asia. Now this issue of population growth has become very politicized. Some remark that there are no problems. Some believe the issue is too emotionally charged or politically sensitive to say anything about it. Others believe there is a kind of natural tolerance for such growth. 'The world's population has been growing for a long time and we've been able to cope with it!' The population has increased many times over, but we have not witnessed mass starvation. In fact, people are getting richer and richer. Some take the view that we've dealt with this in the past so we can cope with it in the future. But the problem is that we don't have any length of history for something like this. If somebody tells you that they know what is going to happen, then I would take objection with that. I don't mean there is going to be a disaster. I just mean that we have no way of predicting what is going to happen with the population growing at these rates. We are already pretty crowded, right? When will we meet our threshold? I mean, if we go back just a few years, nobody had predicted all the environmental problems that we are having now. They took us completely by surprise. Are any of you environmentalists? Well, as long as the human population keeps growing at the rate it is, we will never be able to solve the environmental problems, no matter what we do.

1. What is the main topic of the lecture?
(A) Population growth in Asia
(B) Population growth and environmental issues
(C) The future of the environment
(D) Population growth and the economy

2. According to the professor, what was the percentage of growth during the population explosion?
(A) 0.01%
(B) 0.1%
(C) 2%
(D) 235%

3. Listen again to part of the lecture. Then answer the question. What does the professor imply when he says this?
(A) Population growth is difficult to predict.
(B) Governments are concerned about the situation.
(C) It has become difficult to talk about the issue.
(D) Future predictions are incorrect.

4. According to the professor, what is the problem with the notion that because we have been able to deal with population growth in the past, we will be able to deal with it in the future?
(A) He reasons that there is no such history of growth to compare it to.
(B) He believes that mass starvation will follow.
(C) He does not believe previous statistics.
(D) He reasons environmental problems will cause disaster.

5. What does the professor imply about the future?
(A) If human population continues to grow, the economy will also grow.
(B) If human population continues to grow, agriculture will suffer.
(C) If human population continues to grow, the likelihood of war will increase.
(D) If human population continues to grow, further environmental problems will be inevitable.

1. 詳細問題

この講義の主題は何か。

(A) アジアでの人口増加について　　(B) 人口増加と環境問題について
(C) 環境の将来について　　(D) 人口増加と経済について

正解：(B)

冒頭で、Today I want to talk about the population explosion. と述べられ、その後、環境についても話されているので、(B) が正解。(A) アジアの人口増加についても話しているが、地球全体の人口増加および環境について言及されている。(C) 後半で環境問題について話されているが、それのみが話されているわけではない。(D) 経済の話はされていない。

2. 詳細問題

教授によると、人口が爆発的に増加した時の増加率はどれか。

(A) 0.01%　　(B) 0.1%　　(C)2%　　(D) 235%

正解：(C)

during this period it went up to 2% とあるので、(C) が正解。

3. 推論問題

講義の一部をもう1度聞いて、質問に答えなさい。（スクリプト・訳

の下線部参照）

教授の次の発言は何を暗示しているか。（ 参照）

(A) 人口増加は予測するのが難しい。

(B) 政府はこの状況について心配している。

(C) この問題について話し合うことが難しくなっている。

(D) 将来の予測は間違っている。

正解：(C)

Now this issue of population growth has become very politicized. と言った後に、Some believe the issue is too emotionally charged or politically sensitive to say anything about it. とあるので、(C) が正解。(A) 人口増加の予測については言及がある。(B) 政府に関する言及はない。(D) 将来の予測が間違っているとは述べられていない。

4. 推論問題

教授によると、過去に人口増加に対応できたのだから、将来も対応できるという概念について何が問題か。

(A) 歴史の中でこの増加と比較するものがないと論じている。

(B) 大量飢餓が起こると信じている。

(C) 過去の統計を信じない。

(D) 環境問題は災難を引き起こすと論じている。

正解：(A)

we don't have any length of history for something like this と言い、未来の予測は不可能だと論じていることがわかるので (A) が正解。(B) 大量飢餓が続くとは言っていない。(C) 過去の統計を信じるかどうかについて論じていない。(D) 未来の予測は不可能だとは言っているが、環境問題が災害を発生させるとは思っていないと論じている。

5. 推論問題

教授は将来について何と暗示しているか。

(A) 人口の増加が続いたら、経済も成長し続ける。

(B) 人口の増加が続いたら、農業は苦しむ。

(C) 人口の増加が続いたら、戦争の可能性が上がる。

(D) 人口の増加が続いたら、さらなる環境問題は避けられない。

正解：(D)

教授は最後に、as long as the human population keeps growing at the rate it is, we will never be able to solve the environmental problems, no matter what we do と言い、このまま人口が増加すれば、環境問題は避けられないと言っていることがわかる。したがって、(D) が正解。人口増加と経済や農業、戦争との関連は特に述べられていないので、その他はいずれも不適切。

訳

講義の一部を聞きなさい。

教授：

今日は、エヘン、皆さんこちらに注目してください。ありがとうございます。今日は人口の爆発的増加について話したいと思います。爆発、とは、かなり感情的な言葉ですよね？ 実際にそうなのです。皆さんきっと指数関数的増加について聞いたことがあると思います。ある一定の増加率があるという意味です。例えば、人口は毎年ある確率で増加します。それは1年間で1％であったり2％であったりしますが、いつも一定です。人の数は毎年増加しますが、増加率は一定なのです。それが指数関数的増加です。さてこの期間までに0.001％から0.1％までの増加率を見てきましたが、この期間で2％にまで上昇したのです。この増加の期間は緑の革命によって農業の工業化が引き起こされたことによる食料生産の増加期間と一致します。これらについてはもう少し後で話します。増加率は実際には1964年に約2.1％でピークに達しました。インドネシアを例にしましょう。1961年にその人口は9,700万人でした。しかし、2010年には2億376万人にまで急増したのです。

わずかな時間に145％もの増加です。では、インドの数値を見てみましょう。インドには現在12億人以上の人がいます。しかし、1951年にはその数のほんの一部しかいませんでした。3億611万人でした！これはとても驚くべき増加です。たった60年で235％です。

予測によると、地球の人口は特に貧しいサハラ以南のアフリカ、中東、南と南東アジアの国々において必然的に資源に巨大な負担をかけながら、少なくとも2050年までは増え続けます。今日、人口増加の問題は非常に政治問題化しています。何の問題もないと言う人もいます。問題が感情的に大きすぎてまたは政治的に微妙な問題すぎて何も言えないと信じる人もいます。このような増加に関し自然の許容度のようなものがあるのではないかと信じている人もいます。「世界の人口は長い間増加し、そして私たちはそれに対応してきた！」と。人口は何回も増加を繰り返しているが、大量飢餓は起きていない。それどころか、人々はますます豊かになっている。私たちは過去にこの問題にどうにか対応できたのだから将来も対応できると考えている人もいます。しかし問題は、私たちがこのようなことに対して、十分な長さの歴史を経験していないということです。もし誰かがあなたにこれから何が起こるのかわかると言う人がいたら、私は反論します。私はこれから災難が起こると言っているのではありません。ただ、このような増加率のもと、人口増加によって何がもたらされるのか予想できないということです。私たちはすでに人が密集しているところにいますよね？ いつその上限になるのでしょうか。たった数年前のことを考えてみると、今日起こっているすべての環境問題を予想できた人は誰もいません。完全に驚かされています。あなた方の中に、誰か環境保護主義者はいますか。まあ、人間の人口が今の率で増加すると、どんなことをしたとしても環境問題を解決することはできません。

第6章

TOEFL® 対策に有効な IGS スピーキング勉強法

現在、日本で実施されているTOEFL JuniorにはスピーキングおよびライティングのセクションはないためI、発信型のスキルはTOEFL iBTのみで出題されています。ただし、将来的には日本でもTOEFL Juniorでこれらのセクションが導入される予定です。第6章および第7章で扱うスピーキングおよびライティングの勉強法は、中学生でも十分に挑戦できるものなので、ぜひ将来を見据えて取り組み始めてみてください。

発信力を試されるスピーキングとライティングのセクションでは、Independent Task（独立型問題）に加えて、Integrated Task（統合型問題）が課されています。統合型問題では、純粋なスピーキングやライティングの力だけでなく、リーディングやリスニングを含む4技能の力が統合的に測定されます。

1 TOEFL iBTのスピーキングセクションの問題とは

このセクションでは、問題が6つあります。このうち、Question 1～2が独立型で、Question 3～6が統合型の問題になります。これら6つの問題について、設問形式や内容、準備時間などをまとめると、以下の表のようになります。

Question	設問形式	内容	準備時間	解答時間
1	Independent (Speaking)	個人的な好みに対する問題に対して自分の意見を解答する。	15秒	45秒
2	Independent (Speaking)	2つの選択肢のうち1つを選んで、自分の意見を解答する。	15秒	45秒
3	Integrated (Reading+ Listening+ Speaking)	大学生活に関する短い課題文を読み、それに関連した会話を聞いた後、話者の意見や理由を解答する。	30秒	60秒

4	Integrated (Reading+ Listening+ Speaking)	学術的なトピックに関する短い課題文を読み、それに関連した講義を聞いた後、内容の要点を解答する。	30 秒	60 秒
5	Integrated (Listening+ Speaking)	学生が抱える問題と解決策についての会話を聞き、その内容を解答する。	20 秒	60 秒
6	Integrated (Listening+ Speaking)	大学での講義を聞き、その要点と例を解答する。	20 秒	60 秒

2 独立型問題対策でスピーキングの基礎を作る

スピーキングセクションの対策は、まず Question 1 ～ 2 の独立型問題から始めましょう。これを基礎として固めた後、統合型問題の対策をすることで、スピーキング力そのものを発展させていくことができます。

独立型問題はどちらも、あなたが好きなものについて解答することを求めています。ここからは IGS で利用している解答を構成するために必要な表現パターンをいくつか見てみたいと思います。その後、実際に出題される設問のタイプを紹介します。

■自分の選択を話すうえで役に立つ表現パターン

自分の選択を話す問題に解答する時に最初に必要なのは、あなたが選んだことやものが何かを、短く明確な文で切り出すことです。

I like ～. や I prefer ～. などと始めるとよいでしょう。また少し難しい表現ですが、I would choose ～. もとても便利な表現です。

どの表現で始めてもよいので、まずはどれか 1 つに決めて、そのパターンだけに絞って練習をしましょう。

例題1

What is your favorite subject at school?

⇒I like science. ／I prefer science. ／I would choose science.

例題2

Which animal do you prefer, cats or dogs?

⇒I like dogs. ／I prefer dogs. ／I would choose dogs.

例題3

Which is your favorite food, pizza or pasta?

⇒I like pizza. ／I prefer pizza. ／I would choose pizza.

※問題の大部分を繰り返して My favorite food is pizza. と解答できるとより自然ですが、はじめのうちは少し難しいので、上記のような I like ～. といった表現で練習しましょう。

■好みを述べた後に、理由を述べる

誰かに意見を求められた時には、なぜそう考えるかを簡単に説明する必要があります。したがって、「理由（根拠）」がしっかりと述べられていることは、スピーキングやライティングのセクションでスコアアップにつながる重要なポイントです。

独立型・統合型問題のそれぞれについて、複数の理由づけをしなければなりません。では、自分の意見にどのように理由づけすればよいのか考えてみましょう。

①まずは理由を述べる

理由を簡単に述べる方法は、because を用いて、<opinion> because <reason>. とすることです。

例）I like dogs because they are cute.

②理由を述べたらその説明をする

理由を述べたら、なぜその理由になるのかを説明します。

例）I like dogs because they are cute. に説明を加えると、I think dogs are cute because they have big eyes and long, soft ears. となります。

この説明があることで、解答がより説得力を増します。より高いスコアを獲得するためにこの説明が大切ですので、よりよい説明をどのように述べればよいか後半で取り上げます。

③例を挙げて説明を補足する

実際のテストでは独立型問題には 45 秒で、統合型問題には 60 秒で解答します。この秒数は、解答に細かい点を多く盛り込むのに十分な時間です。どのように具体例を補足して説明すればよいのか、見てみましょう。

I like dogs because they are cute.

↓

I think dogs are cute because they have big eyes and long, soft ears.

↓

When I was younger, I had a golden retriever. His big, soft ears and soft eyes were very cute, much cuter than those of the cat my neighbor had.

■ 具体例を述べる際には短い文を積み重ねる

解答時間いっぱいを使って、できるだけ長く解答するように努めましょう。ただし、いくつか注意すべき点があります。

●どの文も短く明快にする。

●長くて複雑な文は混乱のもとなので避ける。

●なるべく文の途中で解答を止めずに、文の最後まで解答するようにする。

●どの文も「一息」で言える長さにまで短くする（途中で息継ぎが必要になる文は長すぎです）。

■ **選択⇒理由⇒説明⇒例示ができたらイントロダクション**

イントロダクション（序論）とは、提示された問題に対して、あなたがどう解答するかを説明する役目があります。採点者に対して、自分が注意深く問題を考えて、筋道だった解答をしっかりと練ったということを伝えるわけです。ここでは、解答の構造を提示することが大切です。

「序論のテンプレート」と言われると、難しく聞こえるかもしれませんが、安心してください。実は、すでにここまでで学んだことなのです。**マスターすべきテンプレート**は次のものです。

例題

Where is your favorite place in Japan?

⇒I like Okinawa. This is because it has good weather. Another reason is that I like the food.

そう、これまで練習してきたテンプレートと同じですね。本章の後半でより複雑な文法や語彙を盛り込むためのトレーニングがありますが、ここでは、序論を３つの文に分割しています。この他のテンプレートについては後ほど順を追って紹介します。

3 Question 1（独立型問題）の対策

Question 1 では、あなたがよく知っていることについて解答します。この問題では、大切な人や場所、好きな活動や出来事など、個人的な好みや経験について描写し、その主張を通すことが求められます。そのためには、なぜそれらが印象に残ったり、自分にとって重要なのかを、複数の理由を添えて説明しなければなりません。

この点についてはすでに本章で勉強してきたことと同じです。ここからは、簡潔な説明の方法と TOEFL で高得点をとるための方法を紹介しましょう。

■パーツをつなげる：序論から第１の理由

自分の意見をよく説明し、解答に関してはっきりとした序論を作ることができるようになったところで、さらに TOEFL で何が求められているかを見ていくことにします。

TOEFL では、明快な解答とそれに対する理由および説明に加えて、あなたの解答を構成するパーツがきちんとつながっていることが求められます。第３章で紹介した英文の構造を思い出しましょう。この各段階がしっかりとつながっているということです。ここから、論理的に解答するためのつなぎ方にフォーカスします。

それぞれの部分を他とつなげるために、いくつかのフレーズを使います。序論から第１の理由、第１の理由から第２の理由、そしてそれぞれの理由の説明、最後にコンクルージョン（結論）までのつなぎ方を見ていきましょう。ただし、結論については、後半で説明しますので、まだ心配する必要はありません。

まず、序論から第１の理由へのつなぎ方の例を以下に示します。これまでの序論を大幅に修正する必要はありません。まずは、第１の理由の書き出しを修正してみましょう。

解答例１

I think dogs are cute because they have big eyes and long, soft ears. When I was younger, I had a golden retriever. His big, soft ears and soft eyes were very cute, much cuter than those of the cat my neighbor had.

↓

My first reason for choosing dogs as my favorite animals is that they are cute. This is because they have big eyes and long, soft ears. When I was younger, I had a golden retriever. His big, soft ears and soft eyes were very cute, much cuter than those of the cat my neighbor had.

第１文に My first reason ～ is that they are cute. と述べ、それを第２文で This で受けることにより、第１の理由とその説明がつながります。

解答例２

（序論）

I like Okinawa. This is because it has good weather. Another reason is that I like the food.

↓

（第１の理由）

My first reason for choosing Okinawa as my favorite place in Japan is that it has good weather. This is because...

■パーツをつなげる：第１の理由から第２の理由

よりしっかりとした解答にするために、さらに構成をブラッシュアップさせます。明快な序論と第１の理由がつながったので、次は第１の理由から第２の理由へのつなぎ方を見ていきましょう。

これには、

●第１の理由の終わりでつなぐ

●第２の理由の始めでつなぐ

という２つの方法があります。

方法1：第1の理由の最後でつなぐ

この方法では、次の段落で説明する第2の理由への導入を第1の理由の終わりに盛り込みます。そうすることで、第1の理由を完結させるとともに、解答全体の流れを意識していることを示すことができます。具体的には、Another view of <answer> is that <reason 2>. という文を入れます。

解答例

My first reason for choosing dogs as my favorite animals is that they are cute. This is because they have big eyes and long, soft ears. When I was younger, I had a golden retriever. His big, soft ears and soft eyes were very cute, much cuter than those of the cat my neighbor had. Another view of dogs is that they are friendly.

方法2：第2の理由の最初でつなぐ

これは、最初の方法より容易で自然な形です。具体的には、第2の理由の最初に In addition to <reason 1> I also think <reason 2>. という文を入れます。

解答例

(序論)

My favorite animals are dogs. This is because they are cute. Another reason is that they are friendly.

↓

(第1の理由)

My first reason for choosing dogs as my favorite animals is that they are cute. This is because they have big eyes and long, soft ears. When I was younger, I had a golden retriever. His big, soft ears and soft eyes were very cute, much cuter than those of the cat my neighbor had.

↓

（第２の理由）

In addition to choosing dogs because they are cute, I also think dogs are friendly. Cats are famous for being independent. They spend a lot of time alone, or out of the house. Dogs usually stay closer to home; my dog always liked to be inside and stay near my family and me.

■パーツをつなげる：結論へ

これで、あなたの意見をはっきりと具体的に説明する解答ができあがりました。序論の後に第１、第２の理由との滑らかなつながりもできました。それでは、最後に残っている結論について見ていきましょう。結論であなたの解答が完結します。

結論に達する頃には、採点者はすでにあなたの解答が何なのか、その理由は何かがわかっています。したがって、これらのパーツがしっかりとつながっていることを改めて言えばいいわけです。

●時間がない場合

解答時間が数秒しか残っていない場合には、So, that's why I think <answer>. と簡単に述べるので構いません。

解答例

So, that's why I think dogs are my favorite animals.

●時間がある場合

解答時間に余裕がある場合には、２つの理由を示した後にあなたの解答を、As <reason 1> and <reason 2> it is clear that <answer>.

というように再度述べます。

解答例

As dogs are cute and they are friendly, it is clear that dogs are my favorite animals.

ここで、今までパーツごとに説明していた解答例をまとめると以下のようになります。

問題

Which animals are your favorites?

解答例

I like dogs. This is because they are cute. Another reason is that they are friendly.

My first reason for choosing dogs as my favorite animals is that they are cute. This is because they have big eyes and long, soft ears. When I was younger, I had a golden retriever. His big, soft ears and soft eyes were very cute, much cuter than those of the cat my neighbor had.

In addition to choosing dogs because they are cute, I also think dogs are friendly. Cats are famous for being independent. They spend a lot of time alone, or out of the house. Dogs usually stay closer to home; my dog always liked to be inside and stay near my family and me.

As dogs are cute and they are friendly, it is clear that dogs are my favorite animals.

これをテンプレートとして表すと、

(序論)

<answer>. This is because <reason 1>. Another reason is that <reason 2>.

+

(第１の理由)

My first reason for choosing <answer> is that <reason 1>. Explanation of reason 1.

+

(第２の理由)

In addition to choosing <answer> because <reason 1>, I also think <reason 2>. Explanation of reason 2.

+

(結論)

As <reason 1> and <reason 2> it is clear that <answer>.

となります。

■テンプレートを繰り返し練習して時間短縮

解答するための準備時間は 15 秒とあまり長くありません。ということは、このテンプレートがしっかりと定着するように繰り返し練習し、考えることなく使えるようになる必要があります。また、解答時間は 45 秒なので、その時間できちんと解答を完結させる練習も必要です。速く話す必要はありませんが、スムーズでなければなりません。解答している途中で止まって、続きを考える時間はありません。ですが、テンプレートをしっかりと学んでいれば、これらのことが容易になるはずです。

■解答時間をしっかりと意識する

45 秒の解答時間の使い方が悪いと、点数に影響があります。ただ漫然と 45 秒で解答しても、時間配分がうまくいかず、短すぎたり、長すぎたりした解答になってしまいます。

そこで、次ののルールに則って 45 秒の時間配分をするようにしましょう。序論：10 秒→第 1 の理由：15 秒→第 2 の理由：15 秒→結論：5 秒

■スムーズに解答するための練習方法

文の途中で止まってしまうと、話の流れが途絶え、流暢さが失われてしまいます。そうならないために、以下のような段取りで解答の練習をしてみてください。最初はスムーズに解答を作れなくても問題ありません。

1. 解答する際、1 回の呼吸で 1 文ずつ言う練習をします。解答全体について、それぞれの文を一息ずつで言えるようになるまでこの練習を繰り返します。
2. 最初は、次の文に備えて、文と文の間で少しポーズを入れても構いません。
3. 慣れてきたら文と文との間で、短い息継ぎするようにします。
4. 解答全体を話す際に、文と文との間は短い息継ぎ、段落と段落の間は長めの息継ぎができるようになったところで、時間を測ります。
5. はじめよりも解答時間はぐっと短縮されているはずです。

新しい問題に挑む時にもこのスムーズさを持続できるようになることが最後のステップです。最初のうちは、何かを話しながら次に話すことを考えることは難しいかもしれません。しかし､練習を重ね、解答のテンプレートに慣れるにつれて、次に言うことを考えられるようになります。慣れるまでは、段落と段落の間に短いポーズを置いて構いません。ただし、流れを維持するために、1 つの段落の中ではできるだけ長いポーズは置かないようにしてください。

4 Question 2（独立型問題）の対策

Question 2 では、2つの選択肢のうち1つを選んで、なぜそちらを支持するのか解答します。この問題では、2つの相反する行為や行動のうち選んだ1つについて説明し、賛成意見や反対意見を解答することが求められます。採点の基準は Question 1 と共通なので、同一のテンプレートを用いることができます。

Question 1 との大きな違いは、もう1つある選択肢でなくその選択肢を選んだことを明確に説明しなければならない点です。この点については、序論の最初の文と結論の最後の文で示します。この点以外の要素については、Question 1 と同じ要領で解答すれば問題ありません。

例題

Do you prefer cats or dogs?

（序論）

I prefer dogs to cats. This is because they are cute. Another reason is that they are friendly.

↓

（結論）

As dogs are cute and they are friendly, it is clear why I prefer dogs to cats.

続いて、採点基準をもとに、いかにして高得点を狙うかということをまとめて説明しましょう。

■ 独立型問題の採点基準

スピーキングセクション全体の得点は、他のセクションと同様、0～30点です。このセクションでは、最低3名の採点者によって解答が0～4点のスコアで採点され、換算表により30点満点に変換されます。

以下は、公表されているスピーキングセクションの独立型問題の採点基準を簡略化したものです。独立型問題で何が求められているかをしっかりとおさえましょう。

4点の解答

優れた答え。容易に理解でき長さもちょうどよい。次のことがすべてできている。

Delivery：話し方

話が適切な速さで流れている。明瞭に話している。小さな間違いが含まれているかもしれないが、理解のしやすさに影響を及ぼすほどではない。

Language Use：言葉の使い方

文法と語彙が効果的に用いられている。基礎および複雑な文法が適切な箇所で用いられている。小さな間違いが含まれているかもしれないが、意味に支障をきたすほどではない。

Topic Development：展開の仕方

十分な長さで課題にすべて答えている。話の展開もよく、首尾一貫している。考えもきちんとつながっている。

3点の解答

課題に答えているものの、説明が十分ではない。概ね理解に問題はなくまとまりがあるが、考えの描写に誤りがある箇所もある。次のうち少なくとも2つに該当する。

話し方

話は概ね明快で流れもある。しかし、発音や抑揚や間の取り方に誤りがあるため、時折、聞き手がわかりにくい場合がある（が、全体の理解に影響を及ぼすほどではない）。

言葉の使い方

文法や語彙を比較的効果的に用いているが、語彙の使用や文法構造に間違いがあることがある。全体の流れに影響を与えているかもしれないが、解答の伝達を妨げるほどではない。

展開の仕方

答えは十分な長さで概ね一貫性がある。詳細さや具体性を欠いているため、全体的な展開がやや限られている。意見のつながりが時折わかりにくい箇所がある。

２点の解答

課題に対する答えの展開が限定的。答えの述べ方や全体的な一貫性に問題があるために意味が不明瞭なことがあるが、理解できるスピーチとなっている。次のうち少なくとも２つに該当する。

話し方

基本的には理解できるが、発音が不明瞭で抑揚が不自然であったり、間も途切れたりする箇所があるため聞き手は一生懸命聞く必要がある。

言葉の使い方

文法と語彙が限られている。そのため自分の考えをきちんと説明できていない。短い基本的な文であれば用いることができるが、つながりがはっきりとしないこともある。

展開の仕方

課題と意見はつながりを持っているが、詳しく述べられていない。本質的な内容が不明瞭な表現であったり、繰り返しであったりしている。それぞれの意見のつながりも不明確である。

1点の解答

答えは短く、課題とのつながりもあまりよくないため、英語がわかりにくい。次のうち少なくとも2つに該当する。

話し方

発音や強勢、抑揚に問題があるため、理解の妨げとなっている。途中で止めたり、口ごもったりすることが多い。

言葉の使い方

文法と語彙が著しく限られている。答えは基本的な文法から成るいくつかのテンプレートに終始している。

展開の仕方

基本的な意見しか説明がない単純な答えしか述べられていない。課題の文言の繰り返しが多く、完結した答えを述べていない。

0点の解答

何も答えていない。あるいは、関係のないことを答えている。

5 テンプレートを徹底することの狙い

さて、以上のような採点基準からわかるように、これまでに示したテンプレートは4点のレベルに達するために必要なスキルとその方法を示しています。

■ 4点のためには文法を磨く

もしもすでに**語彙**を積み上げていて、これまで紹介した**テンプレート**を暗記して練習をしているとするならば、点数を上げるうえで決定的な要因となるのは**文法**です。第３章で説明したように、**中学校の文法を 100%使えるようにする**ことが大切です。

スピーキングで求められるのは中学レベルの文法ですが、ただ単に文法が理解でき文法の問題に答えられるだけでは不十分です。**これを使いこなせることが大事なのです。**これを**アクティブな文法知識**と呼びましょう。ほとんどの人は受け身の文法知識であればかなり高いものを持っていますが、アクティブに使えるものは限られています。つまり、文法問題は解けても、スピーキングやライティングの際に正確に使うことができない場合が多いです。

アクティブな文法知識を高めるには、

●英語を話す時に自分が利用している文法を考えながら練習し、これを録音します。

●数日間おいて、聞き直します。この際、自分が使っている文法と語彙に注意を払います。可能であれば、誰かにチェックを頼むことも有効です。

●自分が話している音声を他人が話している音声として、ちょうどリスニング問題を解くように客観的に聞いてみましょう。

●自分の文法の間違いをできるだけ多く見つけます。

●何度もこれを繰り返し、間違いが見つからなくなるまで続けます。

こうした訓練を続けることで、知識として文法を知っているだけでなく、話したり書いたりする時にスムーズに使えるようになります。

独立型問題は自由に解答できる分、いろいろな答え方ができるので、何か１つ完璧な解答があるわけではありません。理想を言えば、自分の語彙と文法を使って、あなたならではの完璧なものを作れるようになるとよいです。ただ、これは容易なことではありません。まずは、正しい文法を用いながら具体例を盛り込んだ解答を作ることを意識しましょう。

 Question 3 ~ 6（統合型問題）の対策

独立型問題がしっかりと解答できるようになり、リーディングやリスニングのセクションの対策が進んでいれば、スピーキング以外の能力も測定される統合型問題は決して難しいものではありません。

それぞれの問題でどのように解答すればよいのか、これから説明していきますが、Question 3 ～ 6 で問われている能力は共通しているので、決して準備に多くの時間がかかるものではありません。

採点基準は独立型問題と統合型問題で別々に設けられていますが、その基準はほとんど同じです。詳しくは Official Guide や公式サイトに記載されていますが、統合型問題で高得点をとるためには、**重要な情報がすべて入っていることが必要**という点が付け加えられています。それ以外は独立型問題と同様に、適切な文法知識を利用ししっかりと課題に答えたうえで、理由の説明や具体例をきちんとつなげることです。つまり、基本はあくまでも独立型問題で触れたことなのです。

■ Question 3 ではタイマーを使いこなす

Question 3 では、まず 75 ～ 100 語の大学生活に関する短い文章を読みます。素材としては、新聞記事や、大学の告知文、授業の説明文などです。つまり、大学での講義そのものではないが、大学生活を送るうえで見聞きする情報だと思ってください。45 秒でその課題文を読みながら、メモを取ります。その後、課題文についての 2 人（多くの場合、生徒同士）の会話を 60 ～ 80 秒ほど聞きます。会話を聞いている時には、課題文は表示されていないので、最初のリー

ディングの時間にしっかりとメモを取ることが大切です。また、会話が終わるまで問題は表示されないので、リスニングでもしっかりとノートを取りましょう。会話が終了すると、例えば What did the man think of the announcement?（その男性は告知文についてどのように思ったか。）という問題が表示されます。問題が表示されると、その後 30 秒の準備時間が与えられ、その後 60 秒で解答します。

ここで、Question 3 でのリーディング部分の時間について単純に計算してみると、45 秒で課題文を読みメモを取るということは、実際には 30 秒ほどで 75 ～ 100 語を読む必要があるということです。となると、1分で 150 ～ 200 語を理解しながら読まないといけないわけですね。速読力が大切です。

速読力を鍛えるためには、まずストップウォッチを用意しましょう。そして、時間を区切って課題文を読む訓練をするのです。もちろん、読むだけでなく、書いてあることが記憶できているか確認する必要があります。その後、再度課題文を読み、本文の内容が自分の記憶と合っているか確認しましょう。

課題文を読む際に、メモを取る必要のある重要なポイントは、3～4つあります。それは、課題文のテーマおよび2つもしくは3つの主張です。これを最小限の言葉でメモにまとめる練習をしましょう。

■リーディングの後のリスニングは型にそって要約する

課題文を読んだ後に聞く会話には、いくつかの型があります。

- 課題文でわからなかったことについて1人の生徒が他の人に尋ねている。
- 課題文に対して1人の生徒は賛成する一方で、もう1人は反対している。
- 課題文の間違いを1人の生徒がもう1人に指摘している。
- 課題文について1人の生徒が間違えて理解していることをもう1

人が教えている。

この問題で求められていることは、この２人の会話を要約することです。会話は、課題文で述べられていた３つか４つの重要なことのうち、２つか３つを含んでいます。解答の基本としては、まずは課題文を要約し、会話で聞いたことのまとめを述べることです。30秒で解答する必要がありますので、時間はあまりありません。以下に IGS で利用している解答の型をいくつか示すので、これを徹底して覚え、使い回せるようにしてください。下線部は問題によって変更する箇所です。

Question 3 の解答の型

The reading was <a(n) article / announcement / notice> about <main topic of reading>.　It said that <reading summary>.　The two students discussed <the article / announcement / notice / extract>.　<The man / woman> <explained the reading to the other student / did not like the announcement>.

解答時間は 30 秒なので、最初の 15 ～ 20 秒で課題文を要約するようにしましょう。ここでは主題と課題文全体のまとめを解答します。そして、残りの 40 ～ 45 秒で会話を明確に要約する必要があります。まずは問題に答え、その後に会話中の２～３つの話題を話します。会話自体が課題を踏まえて話されているので、課題文と会話の要約はそれほど難しくないでしょう。

■ Question 4 に対処するためには語彙力をつける

Question 4 の形式は、基本的には Question 3 とほぼ同様です。まず、75 ～ 100 語の課題文（理論や用語の説明など、学術的な文）を読み、その後このトピックに関わる講義（約 150 ～ 220 語）を 60 ～ 90 秒ほど聞きます。講義は、課題文をより詳細に掘り下げた内容になっています。Question 3 と同様、講義の間は課題文は表示されていません。

その後、この課題文と講義に関わる重要情報について問題が出されます。そして、30 秒の準備時間の後、60 秒の解答時間があります。メモについては、Question 3 と同様の流れで取るようにしましょう。

この問題は、大学での講義に特化されているので、Question 3 よりも対策をしやすい部分があります。しかし、大学での講義を読み聞きしなくてはいけないので、中高時代に聞いたこともない内容が取り上げられていたり、難易度の高い単語が使われていたりします。ただ、ここで重要なのは、知らない単語があるからといってパニックに陥らないことです。わからない言葉があるだろうことを前提として、問題は作られています。大学の講義では知らないことを学ぶので、すでに自分が知っている語彙や知識から類推して理解する力が試されているのです。したがって、知らない言葉がどのように他のわかりやすい言葉で説明されているかを集中して読み聞くことが重要です。慣れが必要ですが、繰り返し練習を行うことでできるようになります。また、解答する際にどうしてもこの言葉を使う必要があれば、その言葉を真似て発音すればよいのです。これは、日本語でも初めて言葉を学ぶ時に行うことですね。

Question 4 の解答の型

The reading is about <main topic of reading>. It explains that <reading summary>. In the lecture, the professor continues to explain this idea. The first example <he / she> gives is that <the first point of the lecture>. The second example <he / she> gives is that <the second point of the lecture>.

この問題でも、Question 3 とほぼ同様に、20 秒で課題文について答え、40 秒で講義の内容について答えましょう。講義では最初に読む課題文の詳細が述べられているので、課題文のポイントをつかんだら、講義でどのように詳細が述べられているかをメモするようにしてください。課題文で主題が示され、講義では教授が実際の「例」を出しながら説明していることも多いので、講義で述べられる例から主題を類推することも可能です。

■ Question 5 ~ 6 はリスニング力が鍵

Question 3 ～ 4 と同様に、大学生活および講義を題材とした問題です。Question 3 ～ 4 との違いは、課題文のリーディングがなく、会話や講義をリスニングしてから、スピーキングを行う点です。

Question 5 の形式

この問題は、Question 3 と同様、大学生活についての問題です。60 ～ 90 秒ほどのある問題とその解決策についての会話（約 180 ～ 220 語）を聞いた後、話題となっていた問題と２つの解決策を説明し、問題を解決するためにどうすべきか自分の意見を述べます。20 秒の準備時間があり、60 秒で解答します。

会話の登場人物は、２人の生徒の場合もあれば、教授と生徒や生徒と大学スタッフの場合もあります。状況としては、２人が共通して問題を抱えていて２人で解決策を考える場合と、どちらか１人だけが問題を抱えていて、もう１名が解決策を助言している場合があります。いずれの場合も提示される解決策は２つです。

したがって、解答としては、まずは問題を説明した後、提示された２つの解決策を述べ、どちらか１つの解決策を選びその理由を説明します。ここで大切なことは、自分で解決策を作らないことです。また、どちらもよいとは決して言わないことです。必ずどちらか１つの解決策を選び、それを以下の型を利用して解答しましょう。解答時間は 60 秒しかないので、それ以上のことを盛り込む暇はありません。

Question 5 の解答の型

According to the conversation, <the woman's / man's> problem is <explain the problem>. <The man / woman> offers two <suggestions / pieces of advice / solutions>. For the first one, <(s)he> suggests that <the first solution>. <The man / woman> thinks this is a <good / bad> idea. <His / Her> other recommendation is to <the second solution>. <The man / woman> thinks this is a <good / bad> idea. In my opinion, <the first / second> one is better. This is because <your reason(s)>.

解答の時間配分としては、問題を説明するのに 10 秒、1つ目の解決策と生徒の考えに 15 秒、2つ目の解決策と生徒の考えに 15 秒。そして、最後に自分の意見に 20 秒ほど残すのがよいでしょう。

今までの問題と同様、ここでもストップウォッチを利用して時間配分を守る練習を繰り返し行いましょう。

■ Question 6 はシャドーイング力が必要

この問題は、Question 4 と同様、大学での講義についての問題です。60 ～ 90 秒ほどの教授の講義を聞いた後、60 秒で講義の要点とその具体例を解答します。Question 5 のように自分の意見を述べることは求められていないので、リスニングがしっかりとできることが重要です。

この問題に最適な対策は、アクティブリスニングをできるようにするための徹底したディクテーションの訓練です。講義の内容をすべて理解できるまで、繰り返しディクテーションを行いましょう。そして、書き取った内容をスクリプトとつき合わせることを忘れないようにしましょう。冠詞や三単現の s もしっかりと聞き取れているか確かめながら完璧になるまで繰り返してください。そして、その先のシャドーイングまで行えばこの問題の対策は完璧です。最低でも１日１回は行いましょう。継続は力なりです。努力は決して裏切りません。

Question 6 の解答の型

The professor gives a lecture about <the main theme>. <He / She> has <two / three> main points concerning this. The professor opens his discourse by elaborating on <the first point of the lecture>. (They go on to further bolster the argument through exemplifying <the second point of the lecture>.) The exposition is brought to a close through consideration of <the last point of the lecture>.

※講義にポイントが２つしかない場合には、第３文は不要です。

ここで、実際に Question 3 の問題に取り組んでみましょう。それ以外の問題については、『はじめて受ける TOEFL® Test 攻略×アプローチ』、『受験英語からの TOEFL® Test iBT スピーキング＋ライティング』、『はじめて受ける TOEFL® TEST チャレンジ模試』（いずれも発行Ｚ会）などの TOEFL iBT 対策書籍で取り組んでみてください。

A university advises all students of a change in the management of the campus gymnasium. Read the following information taken from the campus notice board.

Reading Time: 45 seconds

This is an announcement to all students. From next semester, the management of the campus gymnasium will be outsourced to Ocean Sports, a privately owned health club group. If you wish to continue using this facility, you will need to reregister your membership during the usual club registration period at the start of the new semester. Please note that when registering you will need to provide your student identification photo card, a copy of your most recent health certificate and a valid credit card. If you require further information, please inquire at the student information center.

Now, listen to two students discussing the announcement.

Woman: Ocean Sports is taking over at the gym. Do you think they are going to improve the facility?

Man: No, I don't think so. Actually, I don't like that news at all. If you ask me, it would have been much better to keep it as it is.

Woman: Really, how come?

Man: One reason is the cost. The reason they are asking you to bring your credit card is they are going to make you sign up for a long-term contract. Another reason is they won't be so flexible with their opening times.

Woman: Yeah, I guess you are right, but I heard their gyms are pretty nice. They might do the place up. Get some new fitness machines ...

Man: That may be true, but at what cost? And anyway, I bet they'll be really strict. If they are asking people for their health certificates, they'll be really conscious of who is using what machines.

Woman: Well, at least the staff will be professional fitness trainers.

Man: Yeah, but I liked the old staff. They left you alone and were pretty helpful if you had any questions about using any of the equipment.

QUESTION

The man gives his opinion on the administrative changes to the campus gymnasium. State his opinion and explain the reasons he gives for holding this opinion.

問題の訳

男性がキャンパスにある体育館の管理上の変更について意見を述べています。彼の意見と、その意見を持っている理由を説明しなさい。

解答例

According to the reading passage there will be a change in the administration of the campus gymnasium. There is some discussion between the students regarding the announcement. The man's opinion is that the change will have a negative effect. He gives several reasons for his opinion. First, he notes that it could be more expensive. The announcement states that students are required to bring their credit cards for registration. The man predicts that the new company will attempt to tie students to long-term contracts. Also, he thinks that the new company will be stricter. He thinks that they will be less flexible with opening times and because they are asking for health certificates, they must be overly cautious about health and safety. Finally, he notes that he liked the previous administration's staff. The woman holds a contrary view to the man. Her reason is she has heard positive things about the new company. She predicts

that they might improve the facility and purchase new machines. She also suggests that the new staff will be better trained than the previous staff.
（課題文によると、キャンパスにある体育館の管理上の変更があります。2人の生徒がその発表について話し合っています。男性の意見では、変更によって悪い影響があります。彼はこの意見に対して、いくつかの理由を挙げています。最初に、彼は値上げが起こると言っています。発表では、生徒にクレジットカードを持参するようにとあります。男性は、新しい会社は長期契約を結ばせるようにするのではないかと予想しています。また、彼は新しい会社の運営がもっと厳しくなると思っています。営業時間に融通が利かなくなり、健康診断書を持参するようあるため、健康と安全に関して過度に気にするのではないかと思っています。最後に、彼は以前の管理スタッフが好きだったと言っています。女性は、男性とは反対の意見を持っています。彼女の理由は新しい会社についてよいことを聞いたからです。彼女は新しい会社が施設を改善して、新しいマシーンを買うのではないかと予想しています。彼女は他にも、新しいスタッフは以前のスタッフよりもよく訓練を受けているのではないかと言っています。）

リーディング訳

大学がキャンパスにある体育館施設の運営の変更について全生徒に知らせています。キャンパスの掲示板に掲示されている下記の情報を読みなさい。

この発表はすべての生徒に向けたものです。来学期から、キャンパスにある体育館施設の運営は、オーシャン・スポーツという民間のスポーツクラブグループに外部委託します。今後もこの施設の使用を希望する生徒は、通常のクラブ登録期間である新学期の始めに会員の再登録をする必要があります。登録の際には、写真付き学生証、最新の健康診断書と有効なクレジットカードのコピーが必要になります。さらに詳しい情報が必要な場合には、学生情報センターにお問い合わせください。

リスニング訳

このアナウンスについて2人の生徒の会話を聞きなさい。

女性： オーシャン・スポーツが体育館の管理を引き受けることにしたのね。施設はよくなるのかしら？

男性： いや、そうとは思わないよ。それどころか嫌な知らせだね。僕に言わせれば、今の管理体制を維持するほうがいいと思うよ。

女性： 本当に？ どうして？

男性： 1つの理由は費用面だよ。クレジットカードを持ってくるように言っているのは長期間の契約をさせようとしているからだよ。もう1つの理由は営業時間に融通が利かないところさ。

女性： うん、確かにそうかもしれない。でも、彼らのジムが結構いいって聞いたことあるわ。体育館をきれいにするかもしれないし。新しいフィットネスマシーンも導入したりしてね。

男性： それもそうかもしれないけど、では、一体いくらでやるんだい？とにかく、彼らはすごく厳しい運営をすると思うよ。健康診断書を提出させるということは、彼らは誰がどのマシーンを使っているのかをすごく気にするってことだよ。

女性： まあ、スタッフがプロのフィットネストレーナーだというところはよいわね。

男性： うん、だけど前のスタッフもよかったよ。1人にさせてくれるし、器具について質問があったら結構親身になってくれたから。

第7章

TOEFL® 対策に有効な IGS ライティング勉強法

TOEFL iBT のライティングセクションの問題とは

TOEFL iBT のライティングセクションには、スピーキングセクションと同様、独立型問題と統合型問題があります。スピーキングと異なり、それぞれ1題ずつの出題で、解答時間は統合型問題が20分、独立型問題が30分の合計50分です。

Question	設問形式	内容	解答時間
1	Integrated (Reading+ Listening+ Writing)	学術的なトピックに関する短い課題文を読み、それに関連した講義を聞いた後、内容の要点を解答する。	20分
2	Independent (Writing)	質問に対して自分の意見を解答する。	30分

スピーキングセクション同様、ライティングセクションについても、最低2名の採点者によって解答が0～5点のスコアで採点され、その平均点が換算表により30点満点に変換されます。採点基準については、本章の後半で紹介します。

■それぞれの問題の主題パターン

統合型問題では、読み聞きした内容について解答しますが、自分の意見を述べてはいけません。そのため、課題文のトピックはテストによって異なりますが、**統合型問題で求められることは毎回ほぼ同じです。**課題文の構成そのものも同じなので、後半に示すポイントに沿ってメモを作成すれば問題ありません。なお、講義の内容は、1）課題文の内容を支持もしくはさらに掘り下げるもの、2）課題文の内容に反論するもの、の2パターンです。この問題は自分の意見を書くものではないため、課題文と講義の関連性をしっかりと説明する必要があります。

一方、独立型問題では身近なトピックに関する質問が出題され、それについて自分の意見を述べます。出題されるトピックにはいくつかのパターンがあり、その中でも、次の４つが頻出のパターンです。

1）ある事柄や意見に対して賛成か反対かを問うもの。

例）Do you agree or disagree with the following statement?

2）挙げられている事柄や意見のうち、どちらを選ぶ（好む）かを問うもの。

例）Which do you prefer: baseball or tennis?

3）特定の事柄について説明を求めるもの。

例）Why do you think people attend college or university?

4）特定の事柄について自由な意見を求めるもの。

例）Where is your favorite place to study?

統合型問題と異なり、自由に意見を書くことが求められているので、採点者に伝わりやすい構成と流れを意識することが重要です。

2 まずは型を完璧にする

ライティングのポイントは、まずは型を覚えることにつきます。IGSの授業では、まずは学生にさまざまな型を覚えさせます。柔道や剣道や茶道などと同じように、最初は型を覚え、繰り返し同じ型で練習し、それが完全にできるようになった後、自らのライティングの型を作るのです。最初は窮屈に感じるかもしれませんが、それがTOEFL iBTの点数を上げながら、英語力をつける早道です。

実際のテストでは統合型問題のほうが先に出題されますが、ライティングの基礎固めとしては独立型問題のほうが適しているので、まず、独立型問題の形式でライティングの力をどのようにつけていけばよいのか見ていきましょう。

■質問に対してまず答える～主張～

次の問題を見てください。

Which do you prefer, reading a book or watching a movie?

解答としては、

(A) I prefer reading a book.

(B) I prefer reading a book to watching a movie.

(C) I like to read books.

(D) I'd choose to read a book.

(E) I read books instead of watching movies.

(F) I prefer to read.

(G) I like reading books more than watching movies.

(H) Books are better for me than movies are.

(I) In my opinion, I prefer books.

(J) I think books are better than movies.

(K) I think reading is better than watching movies.

以上の、どれが正しいと思いますか。

すべてです！

どのパターンでもよいので、１つか２つ自分の好きなパターンを選んで、考えなくても使えるように準備しておくと、より取り組みやすくなります。これは、英語を書く場合だけでなく、話す場合にも有効です。英語を話したり、書いたりするのが苦手だという人がよくいますが、それはここがしっかりとできていないからです。

先ほどの選択肢の中でおすすめなのは (B) です。独立型問題で出題されるほとんどのトピックについて、これで解答することができます。したがって、以後の説明では、このパターンを用いることにします。

■理由は3つ挙げる

TOEFL iBT では、自分の意見をいかにうまく主張できているかが問われます。スピーキングセクションと同様、ライティングセクションでも、自分の意見を主張する際には、「なぜ」その意見なのかを説明する必要があります。

解答を書く時間は限られています。たくさんの理由を書こうとすると時間切れになるし、理由が十分でないと点数が悪くなってしまう…。それでは、いくつ理由を挙げればちょうどよいのでしょうか。

それは、3つです。

制限時間の中で3つ理由を示せることができれば、ある程度中身がある解答を書き、高い点数を獲得するために十分だと言えます。そして何より、最初に3つと決めておけば、時間がない中で解答を効率的に書けます。

■理由は主張の直後の冒頭に書く

あなたの解答の理由は、エッセイの冒頭から述べる必要があります。なぜなら、最初で語る理由こそがエッセイの下地となり、採点者に対して、そのエッセイがどのような流れになるかを示すからです。冒頭に理由を述べることで、エッセイは論理的でしっかりと構成されたものとなり、高得点を得ることにつながります。

3つの理由の順番としては、最も強い、もしくは重要な理由から始め、最も弱い、もしくは付随的な理由で終わるようにします。

I have three reasons for this choice. My first reason is <reason 1>. My second is <reason 2>. My final reason is <reason 3>.

これをそのままエッセイの序論に含めます。

例題

Do you prefer going to the beach, or going to the mountains?

解答例

I prefer going to the beach. I have three reasons for this choice. My first reason is that I like swimming. My second is that I love seafood. My final reason is that I hate hiking.

■解答に理由を示したら具体例などで補足説明

ライティングセクションで求められているエッセイは、大学の課題で提出するような研究・教養に関する論理的な主張なので、そのような前提で採点されます。採点基準の５点満点の欄には、well organized and well developed, using clearly appropriate explanations, exemplifications, and/or details と記載されており、採点者はエッセイの構成がしっかりとしているか、議論の展開に問題はないか、適切な説明や例示および詳細が表示されているかという点を評価します。したがって、スコアを上げるためには具体例などを用いて自分の解答の理由を補足説明することが重要です。

1. まず、解答と理由を because を使って１文で書きます。
   I choose xxxx because xxxx
2. ライティングに慣れてきて、もう少し複雑な文にしたい場合には、次のように書くこともできます。
   The initial reason for my choice of xxxx is xxxx
3. 解答とその理由を補足するための、さらなる理由や具体例を述べるには、次のような書き方があります。
   This is shown by xxxx
   This idea comes from my experience in / with xxxx
   This is because xxxx

■ ARE モデルで構成を確認

だんだんと全体の構成の組み立て方がわかってきたところで、これまで紹介した要素を「ARE モデル」としてまとめましょう。

Assertion（主張）	序論として、解答を１文で述べる。
Reason（理由）	なぜそう思うのか３つの理由を示す。
Explanation（説明）	１つ１つの理由について、その背景や関連するエピソード、具体例を述べて、解答をバランスよく完成させる。

ここで、例として、What kind of reading material do you prefer, books or magazines? という問題に対する１つ目の理由を考えてみましょう。

Assertion	I prefer magazines
Reason	they are easy to carry
Explanation	· magazines do not have a hard cover · they can fit in a bag, or be carried easily in one hand · easier to transport than a heavy book

これを１つの段落にすると以下のようになります。

I chose magazines because they are very easy to carry around. This is because magazines do not have a hard cover. This means that they can fit in a bag, or be carried easily in one hand. This makes them easier to transport than a heavy book.

最初に自分の意見とその理由が述べられていて、その後に補足説明が続いているのがわかりますか。このように型にあてはめて書くことで、英語で論理的に主張することができるようになり、同時にTOEFL iBT のスコアも上げていくことができるのです。

3 5段落エッセイの型をマスターして独立型問題を克服

独立型問題で出題される問題の４つのパターンについて本章の最初で紹介しましたが、それらは大きく以下の２つに分類することができます。

●自由課題型：大変オープンな質問で、自分の意見を自由に解答します。

例）Why do you think people attend college or university?／Where is your favorite place to study?

●選択課題型：読んで字のごとく、どちらかを選択して解答します。

例）Do you agree or disagree with the following statement?／Which do you prefer: baseball or tennis?

これから紹介する型をマスターすれば、どちらのパターンにも対応することができるようになります。大切なのは、エッセイの最初と最後で与えられた課題（＝質問）に対してどのように答えるか、注意深く考えることです。

実は、スピーキングセクションの独立型問題についても、形式が似通っているので応用させることができます。ですので、この切り札をしっかりと学習しましょう。

■「5段落エッセイ」とは

このエッセイの型は、英語で論理的な文章を書く際に用いられるもので、作家やジャーナリストも文章を書く際にベースとして用いています。第３章で、英語の文章構造を説明する際に少し触れたので、何となく覚えているのではないでしょうか。以下の図を見てください。

序論（Introduction）：質問に答え、エッセイのアウトラインを伝えます。
本論１（Argument 1）：第１の主張を明確に説明し、理由と例を示します。
本論２（Argument 2）：第２の主張を明確に説明し、理由と例を示します。
本論３（Argument 3）：第３の主張を明確に説明し、理由と例を示します。
結論（Conclusion）：これまで述べた論点をまとめます。

具体的にどのような構造で書けばよいかを明らかにするために、以下の例題と解答例を見てください（意見は＿＿で、３つの理由はで、補足説明は＿＿で示してあります）。

例題

What kind of reading material do you prefer, books or magazines?

解答例

I prefer to read magazines. I have three reasons for this choice. My first reason is they are easy to carry. My second is they have short articles. My final reason is that they have a lot of variety of stories.

The first reason for my choice of magazines is that they are very easy to carry around. This is because magazines do not have a hard cover. This means that they can fit in a bag, or be carried easily in one hand. This makes them easier to transport than a heavy book.

My second reason is that magazines have short articles. I think this because I read on the train going to and from school and can finish a magazine article between stations. This means I do not need to remember a long story or argument when I read after a break.

The final reason why I like magazines is the variety of stories they have. I can get tired reading the same story for a long time so the variety of writers and stories in a magazine helps to keep me interested.

Magazines are easy to carry, have short articles and have a lot of variety. This is why I prefer to read magazines.

見てわかるように、どの論点（理由）も最初に短い説明があって、その後に自分の考えについてより詳しく述べる文があります。

「結論」の書き方についてこれまで触れてきませんでしたが、序論とほぼ同じです。ただし、まとめとして理由を先に述べるので、順番が逆になります。上で示した型を使うのが最も簡単な方法ですが、時間が足りないようであれば、These are the reasons for my choice of magazines. と述べるだけでも問題ありません。

■話の流れはつなぎ言葉で作る

つなぎ言葉の役目は次の２つがあります。

●段落と段落をつなげる

●段落の中で複数ある理由や説明をつなげる

つなぎ言葉がなければ、エッセイはバラバラになってしまい、うまく流れができません。なお、「序論」と「結論」の段落では、もともとのテンプレートを使えば残りの段落との関連性が述べられているので、つなぎ言葉は必要ありません。

スピーキングセクションの採点基準でも紹介したとおり、解答が論理的で自然な流れになっているかは採点者が注目する点の1つなので、つなぎ言葉をうまく使えるようになるとこの2つのセクションの点数が高くなります。

次に、どのようにつなぎ言葉を含めればよいのかを説明します。

■段落と段落をつなぐ

段落と段落をつなげるには、以下の3つの方法があります。

1. 先行する段落の終わりでつなぐ方法
2. 後に続く段落のはじめでつなぐ方法
3. 両方の段落でつなぐ方法

それでは、それぞれの方法について、次の例題を用いて見ていきましょう。

例題

Some people prefer to live with their nuclear family (their immediate family such as parents or siblings); however, others prefer to live with an extended family including grandparents or other relatives. Which do you prefer and why? Use detailed reasons and examples in your answer.

1. 先行する段落の終わりでつなぐ方法

このつなぎのスタイルでは、次の段落で述べる考えの導入部分をその段落の最後に書きます。そうすることで、採点者にその段落で伝えたい点の終わりと次の段落への流れを示すことができます。

例)

● … While this is a compelling reason by itself, it is helpful to consider other factors such as <reason 2>.

● … In a similar manner, additional support for my choice comes from <reason 2>.

2. 後に続く段落の頭でつなぐ方法

これは段落と段落をつなぐうえで最も簡単で自然なやり方です。「本論１」「本論２」「本論３」のいずれにおいても使うことができます。この方法では、前の段落ないし序論と自然につなげることができるのと同時に、簡潔にその段落への導入とすることができます。

例）「本論２」で用いる場合

● My first reason for choosing <answer> is <reason 1>. In addition to <reason 1> we should consider <reason 2>.

● Another reason for my choice is <reason 2>.

3. 両方の段落でつなぐ方法

これは、ちょっとやりすぎかもしれませんが、「本論１」では有効です。

例）「序論」と「本論１」をつなぐ

… Though it may not be perfect, there are many good reasons living with an extended family can be preferable to living with the nuclear family alone.

One possible reason for preferring an extended family is that <reason 1>.

■段落の中でつなぐ

段落と段落のつなぎに続いて、１つ１つの段落をどのように構成すればよいかを見てみましょう。最初に ARE モデルを思い出しましょう。

Assertion（Answer）	序論として、解答を１文で述べる。
Reason	なぜそう思うのか３つの理由を示す。
Explanation（Example）	１つ１つの理由について、その背景や関連するエピソード、具体例を述べて、解答をバランスよく完成させる。

このモデルに従って必要な情報をすべて盛り込んだものを、例として以下に示しますので、どのようにつなぎ言葉が用いられているか確認してみてください（段落と段落のつなぎを＿＿で、段落の中のつなぎを〰〰で示しています）。

例題

Some people prefer to live with their nuclear family; however, others prefer to live with an extended family. Which do you prefer and why? Use detailed reasons and examples in your answer.

解答例

I prefer to live with an extended family. I have three reasons for this choice. My first reason is people in a family can help each other. My second reason is children can learn a lot of things from relatives. My final reason is that we can learn our personal history.

My first reason for choosing to live with an extended family is people helping each other. This is demonstrated when a member of a family has a problem, they can talk to their relatives. This is because if a lot of relatives are living in the same home then there are a lot of people who might be able to help. Therefore the more people who live in a house, the more chances there are that there will be someone who has the time and knowledge to help you.

Another reason for my choice is children can learn their culture from their grandparents. This is because older people have a better knowledge of traditions and history. This means that it is their responsibility to teach the young to keep the knowledge alive. The result is that children will grow up understanding their country's character. In a similar manner, additional support for my choice comes from being able to learn our personal history.

Living with an extended family will let a person learn his personal history. This is shown by people having limited memories. This is balanced by an extended family having a lot of information about how someone has grown up and how the family has developed. This means that by living with an extended family a person will learn more deeply about his family and so he will have a stronger sense of his history and his family.

People in a family being can help each other and children learn a lot of things from relatives. This can be combined with being able to learn our personal history to show why I prefer to live with an extended family.

どのようにして情報が１つの段落やエッセイ全体でつながっているかわかりましたか。

これまでエッセイを書くためにいろいなことを学んできました。ここでこれまでを振り返って、第６章で紹介したような TOEFL iBT 対策書籍を使って、実際に解答を書いてみる練習をしましょう。そうすることで紹介してきたことがより自分のものになるはずです。

ここまでで覚えた型に関わることを再掲します。しっかりとこれに沿ってください。

□質問に明確に答える

□エッセイの「序論」の書き方

□ AREパターン

□５段落エッセイ

□段落間および段落内でのつなぎ

なお、**高い評価を得るためには300語以上のエッセイを書かなければなりません。**慣れるまでは30分で300語以上のエッセイを書くことは難しいと思いますが、説明や具体例をしっかりと盛り込むことで、だんだんと適切な長さのエッセイが書けるようになるはずです。ただし、長ければよいというものではないので、エッセイの質を第一に、構成を考えるようにしましょう。

時間配分としては、最初の４～５分に全体の構成を考える（ブレインストーミング）時間を確保するとよいです。最初にしっかりと構成を考えておくと、書いている途中で論点がずれてしまうことがなくなるので、これは非常に重要なプロセスです。構成を考えたら、20分くらいでエッセイを書き、最後の５分程度をスペルミスや文法の間違いを確認する時間に費やしましょう。ここでエッセイを読み直し、質問にきちんと答えているかも確認します。

4 独立型ができるようになったら、統合型問題に挑戦

本章の冒頭でも述べたとおり、統合型問題と独立型問題の大きな違いは、統合型問題の解答は自由度が非常に少ないという点です。この問題で求められることは、読んだり聞いたりしたことを単に要約するだけです。次のような流れで問題が出題されます。

1. 230 ～ 300 語程度の学術的なトピックに関する課題文を３分で読みながらメモを取ります。この課題文は次のリスニングの際にはいったん消え、問題に解答する時にはまた見れます。
2. 課題文に関連した内容の講義を聞く。課題文と同様、だいたい230 ～ 300 語程度の長さの講義（約２分）で、これを聞きながらメモを取ります。講義の中で教授は、課題文に対して明確に賛成、または反対の意思表示をしているので、その点をしっかりとメモし、解答に反映させることが非常に大切です。
3. そして問題が提示され、読み、聞いた内容と照らし合わせ、その情報の要約を書きます。解答の適切な長さは 150 ～ 225 語と明示されており、解答時間は 20 分です。

スピーキングセクションと同様、ライティングセクションの統合型問題でも講義の内容をしっかりと理解できているかがカギになるので、リスニングセクションで紹介したディクテーションの訓練が非常に役立ちます。

■ 評価基準を頭に入れ高い点数を目指す

例えば、５点満点中３点程度をとるだけでよいのであれば、課題文や講義の重要情報がある程度入っていれば問題ありません。３点の基準は、以下の項目を満たしているとされています。

1. 解答の全体的な方向性は正しいものの、課題文と講義で述べられている内容の関連性があいまいであったり、包括的であったり、不明確であったりしている。
2. 講義における重要なポイントが漏れている。
3. 講義や課題文の大切なポイント、あるいはその２つの関係性が不完全であったり、不正確であったり、明確に解答できていない。
4. 語法や文法に間違いが散見され、結果として、大切な論点や関係性の説明がわかりにくく、はっきりと意味が伝わっていない。

つまり、3点より高い点数をとるためには、上記の基準を念頭に考えて、マイナス点を除いていけばよいのです。では、実際にどうすればよいのか、以下にポイントをまとめました。

1. 質問に解答しているものの、課題文や講義とを明確に関連づけて書けていないことを防ぐために、この後に説明するテンプレートの形式に沿って考えることを徹底して行う。
2. 講義の重要なポイントを漏らさないために、ディクテーションの訓練を徹底して行う。
3. 各論点の関係性を持たせるには、テンプレートを徹底して利用することにつきる。
4. 語法や文法の間違いに関しては、文法を復習するのはもちろんであるが、書いたエッセイを英語の先生に見てもらうことが有効である。

■課題文についてのメモは、左右を使い分けてポイントだけを書き出す

スピーキングセクションの統合型問題と同様、課題文を読み始めてから3分が経過すると課題文は画面から消え、講義が始まります。そして、講義が終了すると、課題文と問題が表示されます。したがって、課題文のメモを取る際には、細かい点についてメモを取る必要はなく、講義を聞く際に課題文の内容がわかるように、主要な点だけメモを取れていればよいのです。それでは、IGS で学生が学ぶメモの手順を以下に説明しましょう。

まず、ノートの真ん中に線を引きます。そして、左側に「L」、右側に「R」と書きます。これは、Listening と Reading の頭文字です。まず、課題文のポイントを R 側に書いていきます。その際、各ポイントを詰めて書くのではなく、1つ1つ十分なスペースを空けるようにしてください。課題文の重要点は、最大でも4つなので、それを右側のスペースを均等に割り当ててメモするようにしてください。

文法的に正しい、完全な文を書く必要はまったくありません。これは、あくまでも解答を書くためのメモですし、ここが採点されるわけではありません。時間も限られているので、リスニングセクションの時と同様、省略語などを効果的に利用して簡単に書くようにしましょう。最終的には、英語でメモできるようになることが理想ですが、最初のうちは日本語でも問題ありません。

まずは、課題文の主題を書きます。そしてそれに続いてその主題を支える事実です。英語の構造を思い出してください。最初に主題が提示され、各段落にそれを支える理由や具体例が述べられているのでしたね。

この段階では、以下のようなメモになります。左側にはまだ何も書かれていない状態です。

L	R
	主題 第1のポイント (文ではなくポイントだけ) 第2のポイント (文ではなくポイントだけ) 第3のポイント (文ではなくポイントだけ)

これで、課題文についてのメモが完成です。

■講義のメモは課題文のポイントと紐づける

次に講義のメモを取る場合で重要なことは、課題文で示された内容との関係性です。ここでしっかりと把握しておかないといけないのは、課題文で示されたことに対して、講義をしている教授が賛成・反対どちらの意思表示をしているのかという点です。講義を聞く際には課題文のまとめのメモがあるので、講義のメモは取りやすくなっているはずです。

それでは、講義を聞いた後にメモがどのようなものになるか見てみましょう。

L	R
主題：通常、課題文と同じです。	主題
第1のポイントに関して、できる限り詳細にメモします。	第1のポイント
第2のポイントに関して、できる限り詳細にメモします。	第2のポイント
第3のポイントに関して、できる限り詳細にメモします。	第3のポイント

■統合型用のテンプレート

統合型問題では、メモした情報をもとに、スムーズに解答につなげていくことができます。本章の最初で示したように、TOEFL iBTの問題はほぼ毎回同じなので、次のIGSで利用する統合型用のテンプレートを利用すれば、メモの内容を単に入れ込んでいくだけでいいのです。統合型用のテンプレートは、独立型用のものとほぼ同じです。ただ、導入部分が少し変わります。独立型問題では、自分の意見と理由を述べる必要がありましたが、統合型問題では読み聞きしたことについてのみ述べればよいのです。下記の統合型用のテンプレートは、講義で教授が課題文の内容を否定している場合のものです。

■統合型用のテンプレート：否定

The reading passage talks about <theme>, and the main points it makes are <summary of the reading>.

The listening disagrees with this. The professor begins by saying that <the first point from the listening>.

The second point of disagreement between the two extracts is that the professor explains <the second point from the listening>.

The final area of disagreement between the two passages is when the professor explains <the third point from the listening>.

■統合型用のテンプレート：肯定

統合型問題では、教授が課題文について否定的なことを講義で話すパターンが多いですが、賛成するパターンもたまにあります。その場合には、以下のテンプレートを使うようにしてください。

The reading passage talks about <theme>, and the main points it makes are <summary of the reading>.

The professor agreed with the reading. <He / She> explained that <the first point from the listening>.

The professor elaborated on the idea that <the second point from the listening>.

The final area in which the professor supported the reading was <the third point from the listening>.

それでは、実際に問題を解いてみましょう！

Reading Time: 3 minutes

It is unsurprising that historically, the development of pidgin languages in certain regions is often the result of a thriving foreign trade. After all, whenever speakers of different languages come together with a shared goal in mind, they obviously need to find, or in many cases invent, an ad-hoc system of communication.

In 2004, a former I.B.M. marketing executive named Jean-Paul Nerriere published a guide book to Globish, a natural language with 1,500 words and a simplified version of English grammar. It is tailored to non-native speakers for use in international business negotiations and other high-level interactions. When Asian businessmen negotiate deals with their European counterparts using a few essential English words or phrases, they are, by Nerriere's definition, speaking Globish. He was not interested in constructing an entirely new language, featuring consistent grammar or more expressive vocabulary. His entirely pragmatic aim was to compile linguistic patterns he observed in meetings and negotiations and formalize them.

Some commentators have suggested that Globish is in fact an addition to the expansive family of English pidgins. The important difference is that it can be used and understood by virtually anyone worldwide – not just those living in a particular region.

Globish's potential for widespread use is owed in large part to the fact that it is much easier to learn than English, yet equally effective in meeting the specific demands of international trade and diplomacy. This represents a promising development for those who believe that standard English has had too restrictive an influence on international affairs and the concept of global literacy. After all, it could easily be argued that standard English and its traditional supporters in the halls of academia have actually endangered less dominant languages and created an oppressive hierarchy of those who write and speak "properly" and those who do not.

Now listen to part of a lecture on the topic you just read about.

Professor:

It's important to point out that many have argued, quite convincingly, that Globish is, in actual fact, a constructed language. The main argument for categorizing it as "constructed" as opposed to "natural" is that Jean-Paul Nerriere, its creator, hasn't really performed any studies to demonstrate that in business negotiations among non-native English speakers, this particular set of simplified structures and reduced vocabulary actually occurs more naturally or in greater frequency than the forms of standard English.

Where Globish does apparently succeed, however, is as an aid in very specific situations, for very specific transactions. So...

faced with the challenge of getting key points across in a deal, a Brazilian businessman on his way to a manufacturing plant in provincial China could try using Globish as a starting point.

But to view Globish as a sweeping solution to larger problems, like English dominance or proper English as a form of cultural elitism, remains highly problematic to say the least. I mean, let's say that Brazilian businessman ends up not only making the deal with the Chinese manufacturers, but getting transferred to China as well. Depending on the situation, he'll either want to learn more English or Chinese – conventionally developed languages. Globish's 1,500 words and over-simplified grammar simply won't suffice.

And the notion that "prescriptive" English – standard, non-dialectal English – is somehow oppressive is understandable but not very realistic, I'm afraid. Remember that people who make this argument are linguists, academics, who themselves have striven for an exceptionally strong command of "prescriptive" English. For them to suggest to the kid from a low-income household, who's struggling with basic grammar, that the slangy English she and her friends use will get her just as far in life as the English used by those in power – well, quite truthfully, that's not just unrealistic; it's also irresponsible.

QUESTION

Summarize the points made in the lecture, being sure to explain how they challenge specific arguments made in the reading passage.

問題の訳

課題文で挙げられた具体的な論点について、講義ではどのように反論しているのかを明確にし、講義の内容を要約しなさい。

解答例

The main topic of discussion in both extracts is Globish, a version of English used in international business settings.

The professor begins the lecture by saying that it is difficult to categorize Globish as natural or constructed since no research has been done on whether the vocabulary in Globish occurs naturally. This disagrees with the reading passage, which generally accepts the idea that Globish is a natural language, and very similar to the many versions of pidgin English around the world.

The next point the professor considers is the claim that Globish could be useful when there is a limited amount of language needed. She provides a strong refutation of the reading passage's contention that Globish can solve problems related to English use around the globe. The salient fact that the professor presents to counter this contention is that Globish has too many limitations to substitute evolved languages, such as English or Chinese.

The final area of discrepancy between the two extracts is the professor's argument that it is irresponsible for academics to suggest that it is time to replace "prescriptive" English with a simplified global language. This runs counter to the idealistic conclusion of the reading passage. By contrast, the professor believes that it is important to be realistic and accept that most people will succeed only if they learn the language of the

establisnment.
(２つの抜粋の議論の中心的なトピックは、グロービッシュという国際的なビジネスの環境で使われている英語の型のことである。

教授はグロービッシュが自然のものか人工のものなのかを分類するのは、グロービッシュの単語が自然に発生したものなのか否かに関する研究がなされていないので難しいと述べて講義を始めている。これは、一般的にグロービッシュは自然言語で、世界の英語の混成語の多くの型にとても似ているという意見を容認する課題文に異議を唱えるものである。

次に教授が考えたのは、グロービッシュは必要とされる内容が限定的な時に役に立つ、ということである。彼女はグロービッシュが世界中の英語の使用に関する問題を解決することができるという課題文の主張に対する強い反論を示している。この主張に対抗するために教授が表す顕著な事実は、グロービッシュは英語や中国語などの進化した言語に取って代わるのに制限がありすぎるということだ。

２つの抜粋に関する最後の相違は、「規範」英語を簡潔化されたグローバルな言語で置き換える時期がきた、と学者が提案することが無責任だという教授の主張である。これは課題文の理想的な結論に反している。一方、教授は現実的になることと、洗練された言語を習得することでしかほとんどの人が成功できないことを受け入れることが大切だと信じている。)

リーディング訳

歴史的に見て、盛んな海外貿易の結果として、特定の地域で混成語が発達していることが多いのは驚くことではない。結局、違う言語を話す人々が同じ目標を持って集まると、言うまでもなく、コミュニケーションをとるための特別な方法を探すか、多くの場合には新たに作る必要がある。

2004年に、元I.B.Mマーケティング担当幹部のジャン＝ポール・ネリエールは1,500語と簡潔化された英語の文法をもった自然言語であるグロービッシュについて書いた手引書を出版した。それは英語が母語ではない人々が、国際的なビジネスの交渉時や高度な会話をする時に使うために書かれている。アジアの実業家がヨーロッパの実業家とわずかな重要な英単語やフレーズで取引の交渉をする際、ネリエールの定義によると、彼らはグロービッシュを話している。彼は、一貫した文法やより表現力のある単語を作るというような、まったく新しい言語の構築に興味はなかった。彼の完全に実用的な目的は、会議や交渉で彼が観察した言語の型をまとめ、それを形式化することだった。

一部の論評者は、グロービッシュは実のところ巨大な英語の混成語の追加物であると示唆している。大切な違いは、グロービッシュは特定の地域に住んでいる人々だけではなく、事実上世界中の人々が理解し使用することができるということである。

グロービッシュの広域な範囲での使用の潜在性は、国際貿易と外交において具体的な要求に応じるのに英語と変わらないくらい効果的であるのに、英語よりも学習するのが簡単だという点に大いによるものだ。これは標準的な英語が、国際情勢と世界的な読み書き能力の考えに限定的にしか影響を与えられなかったと信じている人々にとって有望な発展を表している。結局のところ、標準的な英語とその学会分野での伝統的な支持者が、あまり支配的でない言語を絶滅危機にさせ「きちんと」読み書きができる人とできない人の間に抑圧的な階層を作ったのだと簡単に主張できる。

リスニング訳

このトピックに関する講義の一部を聞きなさい。

教授：

グロービッシュは事実上人工言語だと、かなり説得力のある主張が多くの人によりなされたことを指摘することは重要だ。「自然」ではなく「人工」だと分類する中心の主張は、この特に簡潔化された構成と少ない単語が英語を母語としない人々の間のビジネスの交渉で標準的な英語よりもより自然に使用されていたり、あるいはより頻繁に使用されていたりすることを示すような研究を、作成者のジャン＝ポール・ネリエールが行っていないことにある。

グロービッシュが成功したように見える部分は、しかしながら、とても特定の状況における特定の取引の援助においてだけなのだ。したがって、交渉で重要な点を相手に伝えるという難題に直面した場合、例えばブラジルの実業家が中国の地方に製造工場を構築する場合に、議論の出発点としてグロービッシュを使うことを試みることもできる。

しかし、英語の優位性や文化的なエリート主義の形態としての英語といったような大きな問題を解決するものとしてグロービッシュを考えるには、控えめに言っても疑問の余地がある。私が言いたいのは、ブラジルの実業家が中国の製造会社と交渉をするだけでなく、中国に転勤することになったとしよう。状況によっては、彼はより発展した言語である英語か中国語をさらに学びたいと思うだろう。グロービッシュの 1,500 語と、必要以上に簡潔化された文法では単純に十分ではないのだ。

そして、標準の、非方言英語である「規範」英語が抑圧的であるという考え方は理解できるが、現実的ではないと私は思っている。この主張をする人々は彼ら自身が「規範」英語を非常に強力に支配している言語学者や学者たちであることを忘れてはいけない。低所得者層で基本的な文法にも困っている子供に、友だちと使っているスラングのような英語が、その子供を権力者が使っているような英語と比較すれば、人生において同じようなところに導くと言うには、正直現実的ではない。それは、無責任な考えだ。

最後に、採点者が統合型問題のエッセイを採点する際、どのような点を高く評価しているのか、最高得点の５点とそれに次ぐ４点の場合の基準項目を紹介して、ライティングセクションの内容を締めくくりたいと思います。

５点

講義で示された重要な情報を適切に選び、課題文で提示されている関連情報と理路整然かつ正確に結び付けて解答できている。全体がしっかりと構成されており、言葉の間違いが時折あったとしても、内容や関連性を提示するうえで不完全もしくは不十分ということはないない。

４点

５点の内容と比較すると、課題文や講義の大切な内容が一部漏れていたり、あいまいであったり、正しくなかったりしている。また、５点の解答と比較すると、より多くの小さな間違いが見られる。

以上からわかるように、講義の重要な情報をすべて聞き取れていて、それがどのように課題文とつながっているかを示すことが大切です。このためには、明確で論理的なエッセイを書く必要がありますが、これまでに説明してきたIGS方式のテンプレートを活用すればまったく恐れる必要はありません。あとは、幅広い語彙を使い、語法や文法の間違いをしないように気をつければいいのです。

おわりに

グローバルリーダーの旅（英語編）、いかがでしたか？ これまで学校で学んできた英語学習法とかなり違うことに戸惑われたことと思います。このIGSの方法論を基礎に英語をしっかりと学んでいくことで、英語の4技能が確実に身につくようになります。

ただし、世界で活躍するためには、英語力だけでは不十分なので、自らの価値観、思考力、実行力も同時に身につけていく必要があります。多くの哲学や古典の良書、よき友人たちとの議論、社会貢献活動などを通じ、世界で活躍するための力を磨いていきましょう。この本を最後まで読み、今、この文章を読んでいるあなたは、間違いなく、世界で活躍できる力を持っています。私たちIGSは、そうしたあなたの活躍を心から応援しています。また、もしIGSに興味をもっていただけましたらウェブサイト（http://iglobalsociety.com）、ツイッター（igs_official）、フェイスブック（iglobalsociety）を訪れてください。グローバルリーダーになるための最新情報が入手できます。

最後になりましたが、多くの方のご尽力でこの本が完成したことに、心から感謝しています。尊敬し多くを学ばせていただいている田原総一朗様から推薦のお言葉をいただけたことは、私たちにとって望外の幸せです。そして、本書の企画時点からご支援いただいたZ会の藤井孝昭様、藤原敏晃様、そして叱咤激励していただきながら編集全般をご担当いただいた紅山麻子様に、心から感謝申し上げます。

また、IGSを設立した2010年からこれまで、本当に多くの方からさまざまなご支援をいただきました。IGSにて隔週で行っている

「グローバルリーダーとIGS学生の対話」にボランティアでお越しいただいた50名を超える尊敬すべき諸先輩方をはじめ、多方面にわたりご支援いただいた方々に、心からお礼申し上げます。

そして、IGS設立当初からチーフ教師として活躍している Julian Giles さん、前職からの同僚でIGSの成長を加速させてくれているIGSパートナーの岩永泰典さん、そして世界に羽ばたきたい学生を徹底的に支援するために日々膨大な時間を費やしてくれたIGSのすべてのメンバーに。あなたがたがいなければ、本書がこうして形になることはなかった。ありがとう。心から感謝いたします。

本書が、日本のグローバル人材育成の一助となれば光栄です。

Institution for a Global Society（IGS）
代表取締役　学院長
福原正大

目指せ日米トップ大学ダブル合格

—TOEFL Junior® テストから TOEFL iBT® テストへ—

初版第1刷発行 2013年9月10日
著者 ....Institution for a Global Society（IGS）
発行人 ....西村稔
発行 ....株式会社 Z会
〒411-0943 静岡県駿東郡長泉町下土狩105-17
TEL 055-976-9095
http://www.zkai.co.jp/books/
校閲協力 ....豊田佐恵子
装丁 ....若栗春乃（Concent, inc.）
DTP・印刷・製本 ....日経印刷株式会社

ISBN978-4-86290-125-5 C0082